Att Dräpa Drakar

Vad Exorcister Ser
&
Vad Vi Behöver Veta

Andra Utgåvan
Bearbetad och Utökad

Skriven av
Charles D. Fraune

Att Dräpa Drakar:
Vad Exorcister Ser & Vad Vi Behöver Veta

Charles D. Fraune, M.A.

Andra Utgåvan

2019

Nihil obstat: Reverend Matthew Kauth, S.T.D.
        Censor Deputatus

Dedikation

Till Vår Fru av Sorg
och
den ärorika och triumferande Ärkeängeln,
Heliga Mikael.

Guds son har uppenbarats för att utplåna djävulens verk.

1 Johannesbrevet 3:8

Helige ärkeängel Mikael,
försvara oss i striden,
var vårt värn emot djävulens snaror och ondska.
Må Gud betvinga honom, därom ber vi ödmjukt,
men du,
de himmelska härskarornas förste,
kasta med Guds kraft
ned till helvetet Satan,
och de andra onda andarna
som irrar omkring jorden
för att fördärva själarna.
Amen

Table of Contents

Författarens Anmärkning

Denna bok bygger på vis- och lärdomen av många exorcister som konfronterar djävulen och hans demoner som en huvudsaklig del av deras prästerliga tjänst. Dessa erfarenheter ger dem unika insikter in i det diaboliska verket and nådens kraft som kommer till oss från Vår Herre Jesus Kristus genom Hans Heliga Kyrka. Ändock är det viktigt att notera att medans deras lära ger unika insikter och är hjälpsamma för de troende, så talar exorcister inte i en officiell kapacitet som representanter av Kyrkans migisterium. Denna bok berör frågor som inte har definerats av Kyrkan, men det som den innehåller är inte motsatt Kyrkans lära.

I Tacksamhet

Jag står i tacksamhetsskuld till, och är högst tacksam för, våra trogna präster, för deras storsinta och outtröttliga återgivande av de heliga traditioner av vår heliga katolska tro, och för deras arbete att försäkra att de troende i vår tid får ta emot sanningarna om bön och andlig krigsföring, och är på så sätt förstärkta i denna kamp "mot härskarna, mot makterna, mot herrarna över denna mörkrets värld, mot ondskans andekrafter i himlarymdarna." (Efesierbrevet 6:12) Genom alla våra kära präster som är verkligen dedikerade till själars frälsning, är de troende uppmanade att ta på sig "Guds rustning" (Efesierbrevet 6:13) och kan finna frid Kyrkans beskyddande armar. Må den Heliga Ande belöna dem och fortsätta välsigna deras prästerliga tjänst.

Förord

Att Dräpa Drakar är en bok som jag aldrig förväntade mig att skriva. Trots att jag haft ett intresse under delar av mitt liv, så var ämnen såsom de berörande de diaboliska aldrig något jag sökte förstå på ett djupare sätt. När jag tittar tillbaka nu, är det underligt att detaljerna kring andlig krigsföring aldrig var uttryckta till mig, förutom i något slumpmässiga samtal med prästvänner. Det som tog mig till punkten att skriva den här boken var helt och hållet Guds försyn. När jag på senare år vägledde gymnasieelever i sanningarna och verkligheten av vår Tro, blev detaljerna kring andlig krigsföring och exorcism mer relevanta för mig. Jag följde denna nya känsla av brådska och påbörjade mina studier. Så fort processen började, insåg jag att jag behövde, som en lärare och författare, förvandla all denna övernaturliga andliga visdom till en bok som andra kunde lättare komma åt.

Den här boken tillägnar sig en aspekt av det andliga livet av alla katoliker som är känslig och nödvändig att förstå ordentligt. Medans jag är utbildad i Kyrkans lära, så är jag inte en exorsist, och har har inte assisterat exorcister i någon del av deras tjänst över huvudtaget. Även om jag vore intresserad så verkar det som att de flesta exorcister klokt tackar nej till hjälp från lekmän som är unga eller har barn hemma. Detta sagt tror jag att Vår Herre, genom hans försyn i mitt liv, har förberett mig för uppdraget att skriva denna bok. Efter min återvändelse till tron, som jag strax ska kortfattat beskriva, eftertraktade jag prästerskapet i ungefär nio år. I den processen slutförde jag tre år praktik i tre olika församlingar, tre terminer på seminariet, och en intensiv, tioveckorslång sommarkurs i andlig utformning. När jag hade insett att Vår Herre inte kallade mig till prästerskapet, började och slutförde jag en masters i teologi.[1]

---

[1] Se 'Om författaren' för mer information.

Dessa år av mitt liv ledde till att bli vän med många präster från alla möjliga platser på den Amerikanska östkusten, och att spendera tid med dem och fråga dem allt jag kunde tänka på angående det katolska livet, vilket på ett unikt sätt utvidgade min förståelse av vår tro.

Rådande Bok

Den här boken, i dess andra utgåva, har en lång historia som började med en studie av Fader Chad Rippergers publicerade föreläsningar. Så vitt jag vet finns det fler föredrag och konferenser från denna exorcist än från någon annan exorcist i USA. I och med detta spenderade jag större delen av ett år med att studera varje föredrag jag kunde hitta relaterad till andlig krigsföring. Mitt ursprungliga mål var att sammanfatta visdomen av exorcister och helgon i en bok som del av ett litet katolskt företagsprojekt som jag funderade över under den tiden.   När jag blev insatt i dessa läror började jag ändra min riktning. Jag kände mig tvungen att inte bara dela med mig det jag lärde mig med mina elever, men att också organisera mina anteckningar i en bok. Det gjorde jag också, och resultatet blev en spännande sammanfattning av läran av denna stora exorcist. När jag insåg värdet och nödvändigheten för en sådan bok blad de troende, bestämde jag mig för att expandera på ett betydande sätt orginalversionen och återpublicera den som denna andra utgåva.

Rådande bok är alltså verkligen inspirerad av f. Rippergers undervisning. De utgör grundstrukturen för boken. Det var genom en studie av hans läror som jag bestämde mig för utläggningen av boken, inkulsive de stora teman och kapitlarna, och riktningen materialet skulle leda läsaren.

Andra utgåvan behåller samma struktur och bygger vidare på den. Den här versionen förlitar sig inte enbart på en exorcist utan inkluderar lärdomen från minst tolv exorcister, och undervisningen från många helgon och kyrkofäder. Resultatet är en djupare, rikare, mer genomgående, omfattande och insiktfull framställning av samma material som den tidigare upplagan.

En av frukterna av detta tilläggsarbete är beviset att f. Ripperger inte är ensam i sin syn på den andliga kamp som vi alla befinner oss i. Präster och biskopar över hela världen ser precis det som han ser. I min forskning för denna andra utgåva sa jag till mig själv om och om igen, "dem säger alla samma sak!" Det finns detaljer som exorcister debatterar, men överlag samtycker dem om nästan allt. Dem säger också klart och tydligt and den diaboliska världen är mystisk, och att exorcister förlitar sig på en gemenskap och nätverk för att stödja och hjälpa dem första det bästa sättet att bekämpa demonerna och befria själarna grepp.

En frukt, bland många, som den här boken må leda till är en nyfunnen uppskattning och förståelse för vad exoercister själva går igenom i detta oerhört viktiga arbete för själars frälsning. Gud kallar kyrkan att lyfta upp fler exorcister, och när en präst är kallad av sin biskop att tjäna som exorcist är det ofta svårt för honom att få den kunskap och självförtroende han behöver för denna uppgift.

Författaren

Lite bakgrund angående författaren och mitt intresse i matrialet som boken täcker kan vara hjälpsamt att dela då dessa ämnen inte är orelaterade till mitt eget liv. Från tidig ålder var jag benägen för depression vilket kulminerade i djup depression och svår förtvivlan i mina senare gymansieår och första universitetsår. Denna tendens mot depression, utan att jag hade en stark tro, ledde mig till att ofta tänka på mörka saker så pass mycket att jag tillslut började föredra berättelser fom handlade om det mörks, såsom ondska, trolldom, skräckfilmer och det diaboliska. Min födelsedag är den sista oktober, och under min ungdom tyckte jag om detta då jag kände mig kopplad till den mörka kulturen sammanbunden med nuvarande halloweenfiranden. Som tur är blev jag aldrig en såkallad gotisk person, och min nyfikenhet var begränsad av en stark rädsla, så att jag aldrig sysslade för mycket med det ockulta. Trots detta så var jag som ung mer öppen för och nyfiken om förbjudna andliga verkligheter än jag borde ha varit.

Vid den lägsta punkten av min nedgång i depression och förtvivlan, när jag inte trodde att eländet kunde värre, bönhörde Herren mig på ett smått mirakulöst sätt, och förmedlade att han inte hade övergivit mig, tvärtemot vad jag trodde. Förståelsen av detta ledde till att jag återigen började praktisera tron som jag knappt hade tänkt på innan dess och som jag hade övergivit under ett och ett halvt år efter gymnasiet. Knappt ett år efter min återvändelse till tron gick jag i daglig mässa och regelbunden bikt. Så fort jag hade nått punkten då tron var en väsentlig del av mitt liv, och det hade blivit klart för mig att jag måste förbli i Guds nåd, började Herren ge mig stora nådegåvor.

Dessa gåvor kan förklaras i två teman: drömmar och glädje. När jag tänker på det nu verkar det som att Herren förvandlade min fantasi genom de två nådegåvorna. I över femton år hade jag tillåtit mörka tankar i mina dagdrömmar och fantasier och dessa behövde nu göras rena. Det bästa sättet att åstadkomma detta, verkar det som, var att översvämma mina tankar med bilder av vår Herres kärlek i olika former. Glädjen som tillhörde detta var som en berusning av den Heliga Anden: det finns inget bättre sätt att beskriva det. Resultatet var en stark, förblivande, livsgivande och upplysande frid som fullstandigt förvandlade mig från den deprimerade och ångestfyllda personen jag hade varit. Ju närmare jag kom vår Herre genom froma handlingar och konkreta val som förankrade min frälsning allt djupare i honom, destu mer intensiv blev glädjen. Den ledde till att jag ständigt ville tänka på vår Herre, till den punkten att jag verkligen var distrahered av honom i min vardag.

Den här övernaturliga upptagenheten framträdde också i mina drömmar. De var av ett profetiskt slag och har förblivit tydliga i mitt minne under de senaste arton åren. Drömmarna var så verkliga och påtagliga att jag ofta blandade ihop de med minnen från mitt vardagsliv. De inkluderade, bland annat, att jag var i nära vänskap med Apostlarna, med Helige Franciscus av Assisi, Heliga Pio av Pietrelcina, och med Jesus och Jungfru Maria. Varje dröm åtföljdes av en förståelse av det andliga livet och vår Herres kärlek och ofta av den särskilda nåd jag behövde för min andliga välfärd.

Utöver detta, och relevant till denna bok, upplevde jag vad jag alltid kallat "Djävulska drömmar." Dessa var en rad av fem eller fler drömmar utspridda över tre år med flera månader mellan varje. Trots den tid som gick emellan byggde drömmarna på varandra, och resulterade tillslut i en enda berättelse. Vare sig drömmarna kom från vår Herre eller djävulen så poängterade de faktumet att den onde var på jakt efter mig och sökte förföra min med löften om värdslig makt och framgång, men att han också skulle vända sig emot mig om jag stod emot hans lockelser.

Med tanke på att detta var sättet som Herren välkomnade mig tillbaka till tron, tog den andliga kampen som vi alla befinner oss i en central plats i mina tankar och inrtressen. Vägen framåt från denna punkt var svår och händelserik och ledde till ett långdraget försök att gå med i prästseminariet, en tanke som tog över min längtan från första stunded av min återvändelse till tron. Nio år senare, då jag endast befann mig i min tredje termin på seminariet, förstod jag att Herren inte ville att jag skulle vara hans präst, trots att det var vad jag själv trott och velat. Fyra månader efter att jag hade accepterat detta faktum, och agerat i enlighet med det, började mitt liv falla på plats. Jag träffade kvinnan jag skulle gifta mig med, inledde studier för en Masters i teologi, började undervisa på ett katolskt högstadie och blev snart anställd som den första teologiläraren på en nystartad katolsk gymnasieskola.

Det var under de senaste åtta åren i den senare rollen som jag genom Guds försyn blev dragen till att studera Kyrkans lära och den verkliga sanningen om andlig krigsföring på ett djupare sätt. Jag var snart tillräckligt klarsynt för att förstå ett område som länge varit väldigt relevant för mig. Ju mer jag lärde min om detta destu mer ville jag dela med mig av det med andra. På grund av antalet människor som förnekar tron och det onda ör det viktigt att folk vet vad som verkligen pågår i den andliga och fysiska världen. Den andliga kampen är inte begränsad till det osynliga utan uppenbarar sig här med full kraft.

Exorcisterna

Denna bok innehåller läran och uttalanden från följande exorcister, som här nämns i ordning av den frekvems dem förekommer i boken:

+ **Fr. Chad Ripperger**, präst och exorcist i Ärkestiftet Denver, Colorado, och grundaren av the Doloran Fathers. Hans apostolat inkulderar även organisationen *Sensus Traditionis*, där man kan hitta många av hans föredrag.

+ **Fr. Gabriele Amorth**, berömd italiensk exorcist och grundaren av the International Association of Exorcists.

+ **Fr. Jose Antonio Fortea**, präst och exorcist i Alcala de Henares (Madrid) Stift, Spanien.

+ **Fr. Gary Thomas**, präst i San Jose Stift, Kalifornien och exorcist vars utbildning i Rom blev temat för boken *The Rite: The Making of a Modern Exorcist* av Matt Baglio.

+ **Fr. Jeffrey Grob**, präst och exorcist i Ärkestiftet Chicago.
  Ytterliggare exorcister som refereras:

+ **Fr. Piero Catalano**, lärjunge av Fr. Amorth, och präst och exorcist i Reggio Calabria Stift, Italien.

+ **Fr. Paolo Carlin**, präst and exorcist i Faenza-Modigliana Stift, Italien.

+ **Fr. Randall Weber**, priest and exorcist of the Diocese of Salina, Kansas.

+ **Fr. Cesare Truqui**, präst and exorcist i Chur Stift, Schweiz.

+ **Msgr. John Esseff**, präst och exorcist i Scranton Stift, Pennsylvania, och grundaren av the Pope Leo XIII Institute. *Dem som arbetar inom befrielseämbetet:*

+ **Fr. Carlos Martins**, präst i the Companions of the Cross och arrangör för Treasures of the Church.

+ **Adam Blai**, lekman, Peritus för religiös demonology och exorcism Pittsburgh Stift, Pennsylvania.

Introduction

Alla som är uppmärksamma på andliga frågor vid denna tidpunkt i världens historia är medvetna om att saker och ting är ganska destabiliserade. Utövandet av den kristna tron håller på att dö i de flesta delar av världen. Majoriteten av katolikerna tror inte på kyrkans lära och deltar inte ens i söndagsmässan regelbundet. Många katoliker, inklusive många protestantiska grupper, kapitulerar för världens anda och omfamnar nu de handlingar som bra som alltid har setts som gravt omoraliska. Exorcism, och efterfrågan på dem, ökar över hela världen. I USA har antalet anhängare av hedendom och häxkonst stigit till siffror som överträffar antalet registrerade presbyterianer. Satanister känner sig ganska bekväma med att vara ute i det fria och amerikanska lagar har visat sig vara maktlösa för att stoppa spridningen av denna ondska till de offentliga sektorerna i vårt samhälle. [1]

Mitt i denna perfekta storm har många av kyrkans ledare visat att de är ovilliga att undervisa om kyrkans traditioner i frågor om tro och praktik. Som ett resultat tror de flesta katoliker inte, eller ens tänker två gånger på, existensen av djävulen eller andlig krigföring, även om den Heliga Skrift är fylld med referenser till denna aspekt av våra andliga liv. På grund av det ökande antalet katoliker som lever och förblir i ett tillstånd av dödssynd, är exponeringen för diaboliskt inflytande extremt högt. Dessa katoliker är dock helt omedvetna om den andliga fara de befinner sig i, och om de vapen de kan använda för att skydda sig själva och bekämpa demonerna som förföljer dem. [2]

Trots denna okunnighet använder nu många av prästerna som har upprätthållit vår tros heliga traditioner nu moderna

---

[1] Behandlas i kapitel elva.

[2] På grund av den utbredda slappheten i utövandet av tron, särskilt när det gäller mässdeltagande, bikt och sexuella moral.

kommunikationsmedel för att förkunna alla de befriande sanningar som de troende behöver känna till.

Av särskilt intresse för oss här, i den här boken, är arbetet redan gjort av de många exorcister, som har hållit till de trogna otaliga tal, konferenser och som har skrivit böcker om andlig krigföring och exorcism och som har tillåtit dem att vara tillgängliga på internet i ljud- och videoformat. Den här boken sammanställer lärorna från minst tolv exorcister och många helgon och doktorer i kyrkan, och förmedlar de kritiska ämnena om andlig krigföring, både i undervisning och praktisk tillämpning, för undervisning av lekmän som vill veta mer om komplexiteten i vår kamp med Satan och hans demoner.

Demonernas aktivitet avfärdas ofta som något som vi inte bör fokusera på. Även om detta är sant i betydelsen att undvika en besatthet av detta mörka ämne, är det falskt om det får oss att undvika att tillskriva något, i förhållande till våra andliga liv, till demonernas verk. Det är ett faktum i vår heliga tro att demoner förföljer oss och försöker subtilt leda oss bort från Gud, på sätt som ofta är svåra för oss att upptäcka. De är en av de tre källorna till frestelser: världen, köttet och djävulen. Den fallna världen är en ondskas institution, som sänder sina egna maximer och filosofier och drar människor bort från dyrkan av Gud. Vårt kött är fallet och sårat och, genom concupiscence (arvsynd), är det benäget mot synd och mot ett förkastande av Gud genom en preferens för sig själv. Demonerna är verkliga, personliga varelser som fritt valde att förkasta Gud och som nu är fixerade på att motsätta sig allt som är gott, i synnerhet Hans ansträngning att rädda mänskligheten med Hans barmhärtighet.

När vi frestas frestas vi på flera plan: av den rådande övertygelsen hos vår familj och vänner och samhället i stort, av vårt kött med dess oordnade begär och irrationella val, och av demonerna som har studerat oss och försöker uppmuntra våra fel och svagheter. I denna frestelsens storm lyser kyrkan som en ledstjärna för sanning och klarhet och frihet. Ljuset som hon sänder till världen, förskingrar demonerna, lyser upp intellektet och renar köttet. Inte bara i sin undervisning, utan också i sina sakrament och sakramentalier, kyrkan ger till människan det som behövs för att bryta sig fri från ondskans herravälde, både i det inre och i det yttre.

Tyvärr, i denna tid av kyrkan, har mycket som en gång värderats och placerats som en del av det katolska livet, gått förlorat och glömts bort. Detta inkluderar inte bara de andliga mästarnas visdom, utan också kunskapen och klokheten att ta till de sakramentala som hjälper oss i vår kamp. Genom att följa Vår Herres exempel och följa hans och hans moders befallningar, välsignar kyrkan vissa naturliga ting och lägger dem åt sidan för heligt bruk. Detta inkluderar bland annat vatten, salt, olja, kors, ljus, rosenkransar, medaljer, bilder, statyer, rökelse och palmblad. Dessa föremål ges välsignelser som lovar kraftfulla effekter till de troende som använder dem med tro och hängivenhet. Tyvärr har så få katoliker hört talas om dessa och färre är fortfarande de som faktiskt använder dem och införlivar dem i sina liv.

Vissa kanske undrar vad fördelen är med att veta vad som händer inuti en exorcism. Även om det för vissa kan vara lite läskigt, är det viktigt att veta vad demoner kan göra. Demonerna som manifesterar sig och talar direkt genom den besatta personen till exorcisten är samma demoner som viskar osynligt in i våra intellekt för att förföra oss till synd. Dessa demoner vill pressa oss, långsamt, listigt, subtilt, tills vi begår en dödssynd. Vid den tidpunkten försöker de gräva in sina svarta klor i vårt kött och förbli hos oss. I slutändan försöker de att äga oss, men som läsaren kommer att lära sig, tillåter Gud dem bara sällan att göra det. Demoner kommer då att nöja sig med det som kallas diabolisk besatthet, där de kan komma in i intellektet på ett kraftfullt sätt, och bombardera personen med en mängd olika tankar, alla avsedda att driva personen bort från Gud.

Närvaron och uthålligheten hos den onde och hans många legioner är inte en omdebatterad fråga bland de troende i kyrkan idag. Det är erkänt överallt att diabolisk aktivitet är på frammarsch, både i det faktum att människor ansluter sig mer till satanism och häxkonst, och i det faktum att fler och fler människor tvingas söka upp exorcister för räddning och befrielse.

Känn din fiende. Känn till hans taktik. Känn till hans motiv. Lär känna hans natur. Känn till hans ursprung. Känn till hans mål. Känn till hans språk. Känn till hans nätverk. Känn till hans styrkor. Känn till hans svagheter. När denna kunskap väl har erhållits kan du mer effektivt förutsäga din fiendes beteende, känna igen hans fällor, använda lämpliga förebyggande åtgärder mot honom och driva bort honom när han framhärdar.

Det som kommer att vara till störst nytta för katoliker är visdomen att veta hur man skyddar sina andliga liv från dessa aggressiva och, bokstavligen, helvetiska demoner.

Demonernas motivation och taktik

Vår Herre är kungen över hela skapelsen, inklusive änglavärlden. Som ett resultat kan demoner bara göra de saker som Vår Herre tillåter dem att göra. Men liksom vi är, så är också demoner varelser med ett intellekt och en fri vilja och kan välja det sätt på vilket de initialt och i viss utsträckning också kontinuerligt gör uppror mot Gud. De är också kapabla att designa sina egna attackprotokoll när de försöker dra ner mänskligheten in i helvetet med dem.

Exorcister lär sig mycket av det de vet från den tid de spenderar på att interagera med demoner inom exorcism. Demoner kommer att prata och exorcister har berättat att de till och med kan få demonerna att prata med varandra under en exorcism. Som exorcister har lärt sig kommer demoner att arbeta tillsammans mot sitt mål, inte av en känsla av broderskap utan bara eftersom de har ett gemensamt hat mot Gud. Det är ofta så att en person är besatt av mer än en demon samtidigt. Exorcisten kommer sedan noggrant att lyssna för att upptäcka tips om svagheterna hos demonen/demonerna och använda dem mot dem i processen att befria personen.

När det finns flera demoner är de i en hierarkisk ordning, ungefär som en militär enhet. När exorcismen framgångsrikt fortskrider kommer de svagare demonerna att lämna först, men den högre demonen kommer att försöka stanna kvar.[1] En svagare demon kommer att lämna för att undvika lidandet av exorcismen. Ibland kommer demonen till och med att göra det klart för exorcisten att

---

[1] Amorth, 68-9

det inte var exorcisten som drev ut honom utan att han lämnade bara för att han ville lämna.[2]

Det är avgörande att förstå motivationen inom demonerna: stolthet, girighet och hämnd. I sin odödliga stolthet har demonerna förlorat allt gott från Gud och har förkastat Gud på ett sätt som är oåterkalleligt och bortom förlåtelse. Som Fr. Jose Antonio Fortea, har sett, "Förmågan att älska har förintats i en demons psykologi."[3] I motsats till demonerna har människan, i Guds nåd, erbjudits omvändelse i detta liv. Vägran att erbjuda barmhärtighet till demonerna är "inte en defekt i den oändliga gudomliga barmhärtigheten" utan pekar på den "oåterkalleliga karaktären av deras egna val."[4] St John Damascene säger: "Det finns ingen ånger för änglarna efter deras fall, precis som det inte finns någon omvändelse för människor efter döden."[5]

Som ett resultat avskyr demonerna människorna ännu mer och vill föra oss alla till helvetet för att lida på samma sätt som är deras eget straff. Deras ursprungliga onda motiv, som orsakade deras fall, är många och inkluderar sådant som en avsky för inkarnationen och en vägran att underkasta sig den heliga jungfru Maria som deras drottning.[6] Det finns ingen kärlek inom demonerna, och deras viljor är helt ställda emot sanningen.[7] Fr. Fortea säger: "En demons hjärta hatar bara; det frossar i andras lidande."[8] Det finns dock mycket intelligens inom demonerna och de känner väl till våra svagheter. Det är vår uppgift att föra krig mot dem och inse att de inte kommer att sluta söka vår undergång förrän våra själar har avvikit till domen efter detta liv.[9]

Demoner besitter människor av en anledning: för att orsaka lidande. De tar risken att en besittning i slutändan kan göra personen heligare, eftersom de önskar så mycket att se den personen lida.[10] Eftersom de har fallit från nåden, äger de inte dygd, vilket

---

[2] Fortea, 109

[3] Fortea, 18

[4] CCC 393

[5] Ibid.

[6] Ripperger #5

[7] John 8:44

[8] Fortea, 18

[9] En populär bloggare, Fr. Z, gillar att jämföra demonernas nätverk med USAs National Security Agency (NSA). Om NSA kan samla så mycket information som vi vet at de kan, tänk hur mycket demonerna can samla.

[10] Fortea, 18

skulle få dem att tänka två gånger på att ta en person i demonisk besatthet. Fr. Ripperger beskriver att demoner ofta kommer att lockas in till en besittning som Vår Herre vet bara kommer att förödmjuka demonen och helga den inblandade personen. Men demonen kan inte motstå det.[11] De är förslavade till sina viljor, som är fixerade i den ondska de har valt, och de söker den omedelbara tillfredsställelsen de får från den skada de kan tillfoga.[12]

Även om de är mycket smartare än vi så blev "de upproriska änglarnas intellekt deformerade och förmörkade av just de skäl som de använde för att rättfärdiga upproret av sina viljor mot Gud."[13] Den helige Thomas av Aquino säger att "även om de förmörkas av brist på nådens ljus, är de ändå upplysta av ljuset från deras intellektuella natur."[14] När man diskuterar demonernas intellekt är det fascinerande att tänka på det faktum, eftersom Fr. Fortea nämner att demoner inte frestar oss i varje ögonblick. "Mycket av tiden", säger han, "spenderar de på att tänka."[15] Eftersom de fortfarande uppfattar världen enligt Skaparens ordning, leder demonernas tänkande ofta till lidande när, oundvikligen, "deras funderingar leder dem att tänka på Gud."[16]

Demonerna vet att de är fördömda och att de kommer att fördömas och kedjas fast i helvetet på Domedagen. Men i helvetet kommer de att utgjuta sin vrede över alla invånare i den eländiga boningen. Den helige Alphonsus Liguori säger att, vid vår dom, kommer djävulen att vara den första som kommer fram för att anklaga oss. Han citerar den helige Augustinus och säger att djävulen "kommer att anklaga oss inför vårt ansikte för vad vi har gjort, han kommer att ange dagen och timmen då vi har syndat."[17] Detta kommer att bli kulmen på Satans och hans demoners verk. Under hela vårt liv försöker de lägga fällor för oss och få oss att snubbla. De håller varje fel mot oss och lägger det på oss för att krossa oss med skuld.

För att åstadkomma detta erbjuder de världsliga gods till oss i utbyte mot vårt samtycke till synd och för att förkasta Gud. Detta

---

[11] Ripperger #7
[12] Fortea, 84
[13] Fortea, 8-9
[14] Summa I, Q64, a1
[15] Fortea, 15
[16] Fortea, 15
[17] *Preparation for Death*, 244

kan ske på mycket vanliga och dolda sätt, som genom världens allmänna lockelse och dess många nöjen. Det kan också hända i det stadium av diabolisk frestelse som kallas underkuvande, som väljs fritt av individen.[18] Många i Hollywood har anammat djävulens löften på detta sätt, några misstänker Bob Dylan,[19] som talade på ett sådant sätt i en TV-intervju, liksom John Lennon.[20] Till slut, även i det här livet, om individen går emot sin pakt med demonen, kommer demonen så småningom att vända sig mot den som de har lurat, eftersom djävulen är en lögnare och lögnens fader.[21]

Eftersom demonerna är varelser så är de i slutändan svaga i jämförelse med Gud och är under Guds herravälde precis som allt annat som Gud har skapat. De tillåts utföra sina gärningar som en del av Guds plan, och endast enligt Guds plan. Detta är en del av Guds tillåtande vilja, Han tolererar något ont för att genom det åstadkomma ett mycket större gott.[22] Därför är demonerna mycket mer begränsade än de skulle vilja vara och vad vi tenderar att tro att de är. Enligt St Thomas Aquinas är en mans skyddsängel mäktigare än till och med djävulen själv. Detta beror på nådens kraft, som gavs till de heliga änglarna efter provet som följde med den första instansen av deras existens. Detta kan också förstås när man reflekterar över den heliga jungfru Marias helighet. Av naturen är hon underlägsen änglarna. Av nåd är hon änglarnas drottning och demonerna springer i rädsla bara av att hennes namn nämns.[23]

Demonerna är inte i besittning av den sorten och mängden och djupet av kunskap som änglarna som är trogna mot Herren. Ibland får vår rädsla för demonerna oss att glömma denna detalj. Denna kunskap är relaterad till gåvan från den helgande nåden och ägandet av härlighet, som demonerna förlorade i sitt förkastande av Gud. De heliga änglarna är redan i det tillstånd som vi kommer att vara i om vi når himlen. Till och med våra skyddsänglar är mäktigare än Djävulen. Dessutom, som exorcister intygar, när demoner manifesterar sig i människorna de besitter, gör de det ofta på ett djuriskt sätt.[24] De har fastnat i ett bristfälligt tillstånd, i ett reducerat

---

18 Ripperger #3

19 Se sida 160.

20 Se sida 46. Exorcister ser denna verklighet ofta. Exempel ges genom hela boken.

21 John 8:44.

22 Romans 8:28

23 *Glories of Mary*, 120, med referens to Helige Bonaventura.

24 Se sida 19 för ett exempel.

tillstånd, i ett tillstånd som saknar den värdighet som tillhör dem som änglaväsen. Numret som tilldelas Odjuret i Uppenbarelseboken, 666, återspeglar denna permanenta ofullkomlighet, eftersom det är strax under 777, vilket är en treenighet av perfektion, numerärt sett.

Demonernas fall

När demonerna föll gjorde de var och en så på ett sätt som innebar ett förkastande av Kristus av en eller annan anledning. Det är den vanliga teologiska uppfattningen att änglarna, i det första ögonblicket av sin existens, testades i sin trohet mot Gud och den plan som Gud hade för den skapade världen. Enligt St Louis de Montfort föll Satan som ett resultat av uppenbarelsen av den heliga jungfru Marias fullkomlighet,[25] hon som fick genom ödmjukhet vad han förlorade genom stolthet. Som han säger i en av sina psalmer, när han talar för djävulen som rasar mot de utvalda: "Jag är upprörd, jag är rasande ... för den här själen har ärvt det jag förlorade i himlen."[26] Denna perfektion skulle placera henne över alla änglar, inklusive Satan själv. Därför skulle han inte bara behöva tjäna Gud utan Vår Fru som hans drottning. Andra demoner gjorde uppror och föll genom att huvudsakligen motsätta sig den barmhärtighet som Kristus skulle visa mänskligheten.[27]

Varje enskild ande uppfattade och förstod tydligt Guds uppenbarelse. Det kom till dem omedelbart och med perfekt klarhet. Denna typ av intellektuell uppfattning är vida överlägsen människans. Det var ingen försening i deras svar. Som St Thomas säger: "Djävulen syndade omedelbart efter det första ögonblicket av sin skapelse."[28] Andarna visste vad det innebar att säga "ja" eller "nej" till Guds uppenbarelse. Alla dessa faktorer gjorde att dessa andars beslut var permanenta. Varje ande tilldelades en plikt att uppfylla, och det var denna som de antingen accepterade eller förkastade. Detta är synden som orsakade deras fall, och som också avbildas i deras namn.[29] Denna synd inspirerar också deras beteende

---

[25] Ripperger #3

[26] St. Louis de Montfort, *Hymns,* 127:74

[27] Ripperger #3

[28] Summa, I, Q. 63, a6

[29] Ripperger #3

vilket gör kunskapen om denna synd till ett av exorcistens nyckelvapen

Alla andarna skapades i en ordning inom en hierarki. Det finns nio andekörer, den största är Serafimernas kör, som betyder "de brinnande", som står inför Guds närvaro så att de brinner med den härlighet som Han äger. De minsta av andarna är de i Änglarnas kör. Den helige Thomas lär att våra skyddsänglar är hämtade från denna kör.[30] Andarnas fall resulterade i tomma troner i nådens hierarki, som Gud avser att fylla med de heliga, vars helighetsgrader avgör var i nådens ordning de kommer att placeras. Detta är numret på de "utvalda" som Kristus kommer att frälsa genom att utgjuta sitt dyrbara blod. Helgonen kommer i huvudsak att ersätta demonerna i denna hierarki.[31] Detta hjälper också till att förklara den vitriol med vilken specifika demoner agerar mot oss, eftersom de vet att om vi blir frälsta kommer vi att "stjäla" tronen som först hade erbjudits oss dem.

Organisation

När du får veta att andarna skapades i en hierarki, är det inte förvånande att den demoniska sfären kan beskrivas som ett organiserat "brottsnätverk", så att säga. Enligt Fr. Ripperger har exorcister genom sitt arbete insett att det under Satan finns ett råd, med fem demoner som utför hans befallningar. Dessa är Baal, Asmodeus, Lilith, Leviathan och Baphomet. Synderna som tillskrivs dessa fem demoner är otukt, homosexualitet och abort, som är fast förankrade i vår kultur.[32] Han säger att många människor som blir demoniskt besatta blir det genom dessa synder. Som vi kommer att diskuteras i det sista kapitlet, är Baphomet den demon som moderna satanister ger särskild uppmärksamhet till.[33]

Detta demoniska nätverk är en av tre saker som Fr. Fortea säger att demoner tillbringar större delen av sin tid fokuserad på. Förutom att gräva djupare i kunskap och locka människor har demoner också relationer sinsemellan. Dessa relationer är naturligtvis inte säkrade av kärleksband, men demonerna finner visst

---

[30] Summa 1, Q. 113, A 3
[31] "Likhet med änglar är utlovad till de heliga." Summa 1, Q.62, A 5
[32] Ripperger #11. Se sidan 101 för lite mer information.
[33] Se sida 161.

10

nöje i dessa kommunikationer och i det gemensamma arbetet med att fresta mänskligheten.[34] När det gäller besittningar kan starkare demoner kontrollera lägre demoner och hindra dem från att lämnar en besittning även om de lägre demonerna lider och vill lämna.[35]

Fr. Ripperger säger att demoner är utomordentligt känsliga för hur de uppfattas av andra demoner. Under exorcism, när demonen håller på att förlora greppet om den besatta och är på väg att kastas ut, agerar den ofta på ett sätt som avslöjar att den är orolig för den förnedring och förlöjligande den kommer att utstå från de andra demonerna. Han säger att de är mer oroliga för detta än de är för smärtan de utsätts för från själva exorcismens rit.[36] Detta återspeglar vad fr. Fortea säger, att demoner har "riktiga komplexa sociala relationer."[37]

Attackmetoden är också ganska organiserad. Fr. Ripperger lär att, medan Gud tilldelar en extra skyddsängel till en giltigt gift familj, verkar Satan också tilldela en demon att fresta den.[38] Fr. Gary Thomas talar också om att Satan tilldelar demoner till människor.[39] Men vi måste komma ihåg att ängeln har ett permanent uppdrag som Gud själv har gett honom. Den demon som Satan tilldelade är där av en ande av uppror mot Gud. Som ett resultat kan demonen avlägsnas, såvida inte Gud tillåter demonen att vara kvar, trots, som vi ser i fallet med St. Paulus, böner och protester från den heliga familjen, eller den heliga personen, som den drabbar.[40]

När demoner riktar sig mot en familj eller en person, kommer en starkare demon att skicka en svagare demon först, för att börja bryta sig in i familjen eller personens liv. När detta har lyckats kommer den starkare demonen att anlända.[41] Detta liknar vad Vår Herre sa om demonens återkomst när den väl har kastats ut ur en man. Efter att den vandrat runt, återvänder den för att försöka återta mannen. Om det inte är möjligt, kallar den sju demoner starkare än sig själv för att slutföra uppgiften.[42]

---

[34] Fortea, 12

[35] Fortea, 10

[36] Ripperger #6

[37] Fortea, 12

[38] Ripperger #7

[39] Thomas #2

[40] Cf. 2 Kor. 12:7-8

[41] Ripperger #8

[42] Matthew 12:45

Demoner tenderar också att hålla fast vid familjer och röra sig genom familjelinjen. Detta kallas en generations-ande. Den heliga Skrift pekar på dessa andar vid olika ögonblick i både Gamla och Nya testamentet. I Gamla testamentet ser vi till exempel hänvisningar till att Herren tillåter ett straff på den skyldige faderns barn ner "till tredje och fjärde generationen."[43] Vi ser att denna generations-ande manifesteras i sådana ställen som berättelsen om pojken som presenteras för Vår Herre av sin far.[44] Fadern uppger att demonen har besvärat pojken "från barndomen." St Thomas berättar att St Bedas kommentar till detta ställe säger: "Ty vad fanns det i pojken, att han skulle vara besvärad från spädbarnstiden med en grym djävul, om han inte alls hölls i arvsyndens kedja?"[45] Pojken besväras "från barndomen" av en demon som en konsekvens av arvsynden. St Louis de Montfort anspelar på denna verklighet i sin beskrivning av effekterna av Evas olydnad. Han säger: "Genom att lyda ormen förstörde Eva sina barn och sig själv och överlämnade dem till honom."[46]

Fr. Ripperger säger att andarna kan också dedikera sig själva till särskilda familjer i generationer, eller till en kulturell generation (till exempel 'hippies'), eller till ett land på ett intelektuellt sätt (som Nazi Tyskland).[47] Fr. Gabriele Amorth sa i en intervju att djävulen kan besätta grupper av människor, inte bara individer. Han sa, "Till exempal så är jag övertygad att Nazisterna var alla besatta av djäjulen. När man tänker på den sortens ondska som Stalinoch Hitler gjorde... säkerligen var de besatta av djävulen."[48]

Riktlinjer

Trots att de förkastar allt som är gott och heligt, har demoner fortfarande principer som de håller varmt om.[49] Den första och primära, om vilken fr. Ripperger säger att de är intensivt noggranna, är "allt förutom Gud." Denna princip är raka motsatsen till principen

---

[43] 2 Mos 20:5. För att jämföra Guds barmhärtighet med denna vers, läs 5 Mos 7:9.
[44] Mark 9:21
[45] *Catena Aurea* – Markusevangeliet, Kapitel 9
[46] *True Devotion to Mary*, 53
[47] Ripperger #8
[48] Catholicherald.co.uk/prominent-exorcist-who-criticised-harry-potter-and-yoga-dies-at-91/
[49] Ripperger #6

som måste vägleda dem som önskar att bli helgon, som enligt St Alfonsos måste vara "Låt allt gå förlorat, förutsatt att Gud inte är förlorad."[50] Det andliga råd som fr. Ripperger ger är att inte lägga så mycket tid på att tänka på och analysera sig själv och sin synd utan istället att tänka på Gud så mycket som möjligt. Som exorcisten Msgr. John Esseff säger, "Synden är mycket värre än Satan."[51] Det är vår frånkoppling från Gud som får oss att lita på oss själva, vilket nödvändigtvis leder till synd och förlusten av Gud.

Demoner uppskattar också idén "allt annat än måttlighet."[52] Det är därför demoner kommer att driva människor till extrema beteenden, medan dygd är medelvärdet mellan de två. Fr. Ripperger säger att frestelsen för en syndig man är att njuta av det goda i denna värld på ett överdrivet och oproportioneligt sätt. För någon som försöker utrota en ohälsosam bindning till något, istället för att moderera användningen av det världsliga goda, kommer demoner att driva människor till total avhållsamhet från det. Som Fr. Ripperger förklarar vidare, Gud får ära när vi njuter av det han har skapat. Demonerna avundas det vi har och vill stjäla alla glädjeämnen vi kan hitta i den här världen. Så de pressar oss bort från all form av måttlighet och mot antingen övertillfredsställelse eller total avhållsamhet. Vad vi behöver, hela tiden, är dygd. Dygd är ett kraftfullt verktyg för vår hälsa och helighet.

Demoner styrs också av principen om splittring. Som fr. Amorth säger: "Krig och splittring av själar är otvetydiga tecken på närvaron av djävulen, som, inte av en slump, på grekiska betyder 'splittrare'."[53] De försöker, med alla möjliga medel, splittra: genom manipulation av hur vi uppfattar andra, genom lögnen som säger att andra kan ha dåliga motiv mot oss, och genom frestelser till syndiga beteenden som resulterar i att vi isoleras från andra människor. I slutändan är demonernas mål att såra oss. Fr. Thomas säger att demoner alltid letar efter människor med trasiga eller inga relationer.[54] Demonerna häller sedan sitt gift i dessa sår för att pressa oss in i en nedåtgående spiral som de hoppas att vi inte kommer att komma ur. Exorcister varnar för att alltför många människor vid denna tidpunkt når ut till

---

[50] *Preparation for Death,* 322
[51] NCRegister.com/blog/armstrong/exorcist-says-this-problem-is-far-worse-than-satan
[52] Ripperger #6
[53] Amorth, 124
[54] Thomas #1

olika medium och häxor och andra ockulta vägar innan de söker efter en präst. Detta spelar rakt in i demonernas spel, där de försöker skapa i oss samma känslor som de själva känner.

Demoner kommer också, för detta ändamål, att orkestrera yttre händelser i en persons liv för att skada den personen, vilket skapar ett sår genom vilket demonerna kan få ett bättre grepp om personen. I detta sår, och genom detta grepp, får demonen makt över dem. Det är därför som helande av själen är viktigt för andlig tillväxt. De sår som har byggts upp genom synder, eller genom ett liv i synd, är målen för demonerna.[55] När dessa väl är omplåstrade och läkta måste demonerna ta mer avancerade grepp mot oss. Vi måste komma ihåg - demonerna vill att vi ska falla i synd och att dö i ett tillstånd av synd, för att sedan bli föremål för dem i helvetet. Vi måste veta och acceptera detta och göra jobbet för att inte låta dem vinna.

Det börjar med Eva

De diaboliska attackerna började med den första mannen och kvinnan som Gud skapade, Adam och Eva, och specifikt med Eva. Här ser vi djävulens taktik att splittra en familj och skapa falska uppfattningar i sinnet. Fr. Ripperger påpekar att Satan spelade på Evas känslor och hennes fantasi och placerade bilder i hennes sinne för att väcka en uppfattning som inte var i harmoni med verkligheten.[56] Taktiken var att sätta en vridning på vad Gud faktiskt sa och snurra det för att framstå som något negativt när det faktiskt är positivt. Som ett resultat väcktes stolthet och begär inom Eva och hon bröt budet och åt från det förbjudna trädet.

Detta är ett vanligt tillvägagångssätt, och ett som vi alltid måste vara vaksamma för, och som vi måste använda ödmjukhet för att försvara oss mot. Det är lätt för demonerna att få oss att tänka en sak när verkligheten är en annan. Detta i slutändan, liksom med Eva, uppmuntrar oss till stolthet, som också kan kallas egensinnighet eller egenvilja, som den helige Alfonsos kallar det. Den helige Alphonsus citerar den helige Augustinus som säger: "Djävulen har gjorts till en djävul av egen vilja." Han drar slutsatsen då att "när vi gör vår egen vilja, slutar fienden att bekämpa oss, för då är våra

---

[55] Ripperger #10
[56] Ripperger #2

14

viljor djävlar."[57] När djävulen väl vände Eva mot egenvilja kunde han luta sig tillbaka och se konsekvenserna utspela sig.

Eva syndade också genom nyfikenhet. Adam och Eva, som den helige Thomas säger, var begåvade med naturlig integritet och perfektion, och ett intellekt som hade kunskap om alla ting, såsom alla djurs natur.[58] Genom denna kunskap, som Fr. Ripperger påpekar att Eva skulle ha vetat att det inte fanns några talande ormar i skapelsen.[59] Men hennes nyfikenhet angående denna märkliga varelse fick henne att lyssna på Satan och följa hans ledning. Som ett resultat av detta placerade hon sig själv under honom och gav honom auktoritet att agera i hennes liv.[60] Eftersom Adam följde hennes ledning och åstadkom människans fall, kan demonerna nu fysiskt agera på oss alla, kopplade till Adam och sårade som vi är alla genom arvsynden.

Påverkan i den fysiska världen

Som ett resultat av att Adam och Eva följde Satans ledning och lydde honom, samtidigt som de förkastade Guds befallning, fick djävulen och hans demoner ett visst inflytande över den fysiska världen. I Johannesevangeliet hänvisar Vår Herre till Satan som "den här världens furste."[61] St Thomas säger att detta naturligtvis är djävulen, men att djävulens makt inte är en naturlig makt, utan en som kommer från skuld. Den helige Thomas säger: "Han är inte härskare över varelser, utan över syndare och mörker."[62] Som Job säger, "han är kung över alla stolthetens barn."[63] Men denna regel kan påverka även de goda, såsom Vår Herre själv. Även om Satan inte har någon sann makt över Kristus, har han inflytande över den syndige Judas, som han hetsar till att förråda Kristus, och över de syndiga judiska ledarna, som han hetsar till att döda Kristus.

Satans verksamhet kan alltså sträcka sig bort från normala frestelser och påverka yttre aspekter av mänskligt liv. En av dessa kallas diaboliskt angrepp. Detta är termen som används för att

---

57 *True Spouse of Christ,* 143-144
58 Summa 1, Q. 94, A 3
59 Ripperger #3
60 Ripperger #3
61 Johannesevangeliet 14:30
62 Aquinas, Commentary, Johannesevangeliet 14
63 Job 41:34

referera till yttre manifestationer av demonisk aktivitet i världen. Det kan handla om saker som djur, som framställs i den heliga skrift i berättelsen om legionen av demoner som skickas in i grisarna, som sedan sprang galet av klippan och störtade i havet.[64] Fr. Ripperger berättar om ett hus infekterat av en sjukdomsdemon som fördes in i huset av en häxa som bodde där. Hon hade försökt bota sin man genom en trollformel, men det slutade med att hon dödade honom istället och introducerade demonen i huset. En familj flyttade senare in där och upptäckte att huset var angripet på grund av häxans synd. Demonen som infekterade huset attackerade den lägre nivån av varelser först, vilket så småningom orsakade två hundars död i hemmet, på grund av hur lång tid det tog att befria huset från demonen.[65]

Effekterna av angrepp kan vara så oroande att de kan leda till ekonomiska konsekvenser för den drabbade familjen. Det kan påverka inte bara huset, utan även elektriska apparater och bilar. Fönster som öppnas och stängs, apparater som slås på och av, röster och rop, frånstötande ljud, illaluktande lukter, rikligt med insekter, bultande på väggarna och fotsteg är alla tecken på angrepp. Dessa kommer naturligtvis att manifesteras utan någon naturlig förklaring.[66] En demon, om Gud tillåter, kan också "flytta saker efter behag" och få föremål att flyga runt i rummet eller försvinna och dyka upp igen någon annanstans.

Angrepp kan bero på "en hex, besvärjelse eller förbannelse, eller från voodoo eller häxkonst."[67] Fr. Ripperger säger att demoner också kan få makt i ett utrymme genom handlingar som hädelse, vilket ger dem en viss makt över luften på den platsen.[68] Du kan se att ett föremål är angripet om fenomenet inträffar varhelst föremålet placeras. Fr. Fortea rekommenderar att "i sådana fall måste föremålet brännas efter att ha stänkts med heligt vatten. Askan ska sedan begravas"[69] eller spridas i en bäck.[70] Präster som är medvetna

---

[64] Markusevangeliet 5:9ff

[65] Ripperger #3

[66] Amorth, 26, 74

[67] Fortea, 99

[68] Detta är en anledning till att Kyrkan välsignar ljus. Se sida 138. Se också sisa 163 för mer information om hädelse.

[69] Fortea, 101

[70] Ripperger #3

om den sanna andliga strid som vi befinner oss i är mer än villiga att ta dessa föremål och förstöra dem åt oss.[71]

Denna demoniska aktivitet kan ha en fruktansvärd inverkan på känslor och psykisk hälsa hos en person eller en familj. I Pennsylvania var ett hus angripet av en demon i nästan ett sekel, och händelser som just nämndes hade blivit vanliga. Familjen Cranmer flyttade så småningom in och med hjälp av kyrkan drevs demonen ut, men inte innan manifestationerna hade först torterat och psykiskt skadat familjen på ett allvarligt sätt.[72] Enligt fr. Ripperger är diaboliskt angrepp allt vanligare idag. Han rekommenderar att du frågar efter dina grannar och tidigare invånare i ditt hem för att se om extra andligt skydd eller befrielse kan vara nödvändigt.[73] Med tanke på att demoner i princip kan angripa alla livlösa föremål är det en bra och försiktig sak, särskilt idag, att ta emot alla välsignelser som kyrkan tillhandahåller, som för bilar och hem.[74]

Demoner kan inte bara påverka den fysiska världen utanför människan, utan också vissa aspekter av människan internt. Demoner kan till exempel producera visioner och falska extaser. St Thomas säger att "en demon kan arbeta på människans fantasi och till och med på hennes kroppsliga sinnen, så att något verkar annorlunda än det är."[75] Demoner kan direkt bilda en bild i en människas fantasi. Detta kan vara under normala frestelser eller under loppet av att lura någon att tro att de har en vision av det övernaturliga. Detta hänför sig till ett annat föremål som är inom räckhåll för demoner: uppenbarelser. Det är därför kyrkan är så noggrann med att undersöka förmodade uppenbarelser; demoner kan simulera alla dessa saker.[76] Som ett resultat väntar kyrkan på att höra innehållet i budskapet innan hon beslutar om budskapets övernaturliga natur. Den heliga Bernadettes reaktion på Jungfru Marias framträdande kommer att tjäna oss väl att minnas: hon stänkte heligt vatten på uppenbarelsen och befallde den att gå sin väg om den inte var från Gud.

---

[71] Det här kan vara hjälpsamt med tanke på den kraft som särskilda saker kan ha i våra liv. Se sida 112 för en relaterad berättelse.

[72] *The Demon of Brownsville Road*, skriven av Bob Cranmer och Erica Manfred.

[73] Ripperger #4

[74] Den traditionella Roman Ritual har välsignelser för många saker som vi använder, dels i vardagslivet och som devotionalier.

[75] Summa 1, Q. 114, A 4

[76] Ripperger #3

Som Fr. Ripperger beskriver, kan demoner också orsaka uppfattningen av strålar av ljus och värme och behagliga förnimmelser.[77] De kan verka för att ge botemedel genom att helt enkelt ta bort en sjukdom som är demonisk till sitt ursprung. De kan också orsaka andra kroppsliga fenomen och simulera mirakel som levitation[78] och tungotal. Fr. Fortea säger, tillsammans med Fr. Ripperger, att, ja, en demon kan också orsaka stigmata. Fr. Fortea trodde ursprungligen inte att detta var möjligt förrän hans erfarenheter visade något annat. Han lärde sig att ursprunget till detta fenomen, eftersom det kan orsakas av Gud eller av en demon, måste urskiljas av de medföljande tecknen i personens liv, om det finns en ökning av nåd och dygd, eller av synd och olydnad.[79]

Demoner tillåts också att påverka människor i vad som kallas vexation, eller dolor, som kommer från latinets för 'smärta'. Gud har tillåtit att vissa heliga människor tillåts bli anklagade eller, i huvudsak, misshandlade av demonerna. Detta är ett fysiskt angrepp, av en osynlig person, på helgonet medan de bor här på jorden. Fr. Ripperger säger att detta är tillåtet av två skäl: för den fortsatta helgelsen av personen, för att bygga större förtroende för Gud; och att förödmjuka den demon som trots attackerna och misshandeln fortfarande inte kan få helgonet att ge efter och misstro Gud, minska sitt böneliv, falla bort från dygd och synda.[80] Det finns många exempel på dessa helgon i kyrkans liv, till exempel St. Pio of Pietrelcina (Padre Pio) och St. John Vianney (The Cure of Ars). Ett bibliskt exempel är Job, som Vår Herre lät attackeras av Satan på mycket intensiva sätt. Den helige Augustinus anger källan till Jobs lidanden helt klart: "när eld kom ner från himlen och med ett slag förtärde Jobs tjänare och får; när stormen slog ner hans hus och med den hans barn – dessa var Satans verk, inte fantomer."[81]

Demoner tillåts också att manifestera sig i synliga former. Även om demoner är kapabla att visa sig för oss i vilken mänsklig form som helst, tillåter Gud dem vanligtvis inte att dyka upp i vilken form som helst. Fr. Fortea säger att demoner vanligtvis "tillåts framstå

---

[77] Ripperger #3

[78] St Thomas säger när någon leviterar så gör dem det genom en ängels kraft. Detta gäller både för en helig person och för en ond eller besatt person. Den första gör det genom en helig ängels kraft, den andra genom en demon.

[79] Fortea, 118

[80] Ripperger #6

[81] Summa 1, Q. 114, A 4, som citerar St. Augustine De Civ. Dei, XX, 19.

som rörliga skuggor, som monstruösa freaks, eller som mycket svarta, små män."[82] Hans beskrivning stämmer överens med upplevelsen av familjen Cranmer som nämndes tidigare. Adam Blai, Peritus av religiös demonologi och exorcism, som också hjälper till att utbilda exorcister, tillägger att dessa skuggformer kan vara "storleken på en mus, en basketboll, ett barn, en vuxen eller större." De kommer att vara fasta former som kan se ut att gå eller "sväva som en sorts rullande svart rök som inte försvinner."[83] En berättelse var relaterad till mig om två tonåringar som lekte med en Ouija-bräda i ett rum på övervåningen när en lång mörk figur plötsligt dök upp i dörröppningen innan den försvann igen. Dagen efter körde dessa personer på en motorväg när samma mörka figur dök upp mitt på vägen. Föraren svängde för att undvika figuren, vek av vägen och kraschade. En person var oskadd och den andra blev förlamad.

Djävulen kan framstå som ett "monstruöst djur" eller en person med sataniska egenskaper. Han kan också uppträda i oskyldiga former, som han gjorde i S:t Pios liv. För detta helgon uppenbarade sig djävulen som en grym hund, en naken flicka, Vår Herre, Vår Fru, Padre Pios biktfader och faderns väktare av hans kloster. Padre Pio fick en order från den senare och insåg först att det faktiskt var djävulen efter att han försökte verifiera vad han hade blivit tillsagd.[84] St. Teresa av Avila, i sin självbiografi, rapporterar flera gånger om att ha sett en uppenbarelse av en liten man , helt svart och som morrande åt henne.[85]

Även om dessa saker kan låta skrämmande, är det viktigt att komma ihåg att de bara är möjliga i den mån Gud tillåter demonerna att agera på dessa sätt. Alltså är alla dessa aktiviteter tillåtna inom den gudomliga planen för själars frälsning och, som vi kommer att diskutera mer, för demonernas förnedring och nederlag.

Nyfikenhet

Nyfikenhet kan vara en syndig intellectuell handling och leda till en öppning för det djävulska när vi genom denna nyfikenhet avviker från dygd, går in i nära syndatillfällen eller pysslar med

---

[82] Fortea, 115
[83] Blai, 42
[84] Amorth, 26
[85] *Life of Teresa*, 173

saker som är fördömda av Gud och kyrkan. Den helige Alphonsus Liguori beskriver hur nyfikenhet kan få en, som i fallet med Adam och Eva, att försätta sig i en situation där en stark frestelse kommer mot oss. Han säger, "Försummelsen av att undvika syndatillfällen var orsaken till våra första föräldrars fall. Gud hade förbjudit dem att ens röra vid den förbjudna frukten. Gud befallde oss, sa Eva, att vi inte skulle äta och att vi bör inte röra den. Men av brist på försiktighet så såg hon, hon tog och hon åt det. Hon började först titta på äpplet, hon tog det sedan i handen och åt det sedan. Den som frivilligt utsätter sig för fara, kommer att förgås i den."[86]   En effekt av nyfikenhet, som är relevant för ämnet i detta kapitel, är den för diaboliska angrepp av ett hem eller en bostad. Angrepp är i huvudsak när demonerna kommer in i hemmet och stannar där. Detta sker som ett resultat av någon ond gärning utförd i hemmet eller från en förbannelse som lagts på hemmet.[87]

Fr. Ripperger berättar om en historia som involverar en grupp paranormala forskare vars undersökning avslöjade demonisk aktivitet i ett hus. Gruppen ringde en präst, som tog hand om frågan i huset. Fr. Ripperger var också involverad vid denna tidpunkt, kanske som konsult till den prästen. Gruppen fick höra att deras initiala nyfikenhet var en stor fara och att det redan är för sent när de upptäcker demonisk aktivitet. Det är bra att ringa prästen då, men de är redan en måltavla av demonen. I den här situationen sa fr. Ripperger att han redan kunde se att ledaren i gruppen redan var besatt. Exorcister, konstaterar han, från deras erfarenhet och utbildning, kan ofta upptäcka en viss blick hos en person som avslöjar denna djävulska närvaro.[88] Fr. Fortea talar också om demonens förmåga att se på prästen "med en ond blick" genom de besattas ögon.[89]

Att besöka kyrkogårdar, hemsökta hus och notoriskt angripna hus, som en form av underhållning, är en farlig form av nyfikenhet som öppnar dörren för diaboliska angrepp. Spökhus är verkliga, men de flesta människor förstår inte vad de har att göra med och går

---

[86] *Preparation for Death*, 319

[87] Den berömda historien om angreppet på Cranmer familjen återges i boken *The Demon of Brownsville Road*, skriven av Bob Cramer and Erica Manfred. Angreppet var kopplat till många onda handlingar som hade begåtts i huset. Angreppet och besittningen i Gary, Indiana började med en förbannelse på familjen i huset.

[88] Ripperger #1

[89] Fortea, 82

direkt in i en demons aktivitet.[90] Det är möjligt att det istället för en demon är en bortgången själ som är närvarande i huset. Dessa två möjligheter är väldigt olika i sin natur, effekt och avsikt. Demonen är ond, orsakar skada och gör livet i huset eländigt. Den mänskliga själen är där enbart för att få förböner och är inte ond eller skadlig. Adam Blai säger att när en demon är närvarande kommer prästens exorcism leda till att den "onda påtryckningen" lyfts från den platsen och orsakar en "märkbar lätthet och klarhet i luften."[91] Bortgågna själar, å andra sidan, blir helt stilla och tysta när mässan firas eller böner bes på deras vägnar.[92]

Det är möjligt att den mänskliga anden inledningsvis kan vara "läskig" bara för att dess närvaro var ovanlig och oväntad. Om det är en mänsklig ande, är allt som behöver göras att erbjuda en mässa för den avlidna själen, och få avlat på deras vägnar, och personen kommer att avlägsna sig.[93] Vatikanens internationella utställning av eukaristiska mirakel ger en anmärkningsvärd berättelse för att demonstrera mässans kraft. I staden Montserrat, 1657, bad en ung flicka till Abbot Millan de Mirando att erbjuda tre mässor för sin far som hon trodde skulle då befrias från skärselden. Under den första mässan dök hennes far upp, omgiven av lågor. För att bevisa denna syn, som bara hon kunde se, bad prästen flickan att placera en vävnad nära lågorna. När hon gjorde det "började det brinna med en livlig låga". Efter den tredje mässan såg flickan sin far, nu klädd i vitt, stiga upp i himlen.[94]

Sjukdom

Fr. Ripperger berättar om många incidenter när demoner kan verka orsaka alla möjliga åkommor, allt från depression till fysiska sjukdomar. Dessa sjukdomar är i grunden inte samma sak som den autentiska typen. Många människor är legitimt deprimerade, av skäl som uppstår i livets naturliga gång. Många människor är fysiskt sjuka på grund av virus, bakterier eller andra kroppsliga svagheter. Enligt hans erfarenhet involverar de flesta fall inte demonisk

---

[90] Ripperger #1
[91] Blai, 48
[92] Blai, 38
[93] Ripperger #1
[94] Therealpresence.org/eucharst/mir/english_pdf/Montserrat.pdf

aktivitet. Ändå kan demoner orsaka alla former av sjukdomar och psykiska sjukdomar som annars skulle ha ett naturligt ursprung.[95]

Det vi vet från den heliga skriften och den helige Thomas lära stödjer det som exorcister ser i sitt arbete. När änglarna kom för att straffa Sodom kunde de göra de män som försökte attackera dem blinda.[96] När den helige Rafael kom till Tobit som svar på hans böner, var han kapabel att ta bort den blindhet som Tobit hade utstått. Den helige Thomas lär att både de goda och de onda änglarna "kan utöva ett indirekt inflytande på mänskliga vilja genom att röra upp bilder i den mänskliga fantasin" och, genom sina naturliga krafter, kan "väcka aptiter och passioner." De kan också "verka på de mänskliga sinnena" antingen i en synlig form eller "genom att störa själva sinnesfunktionerna."[97] St Thomas säger också att änglar kan agera på människor inifrån, på ett sådant sätt att "sinnena förändras på olika sätt."[98]

När det gäller missbruk och beroenden, till exempel, kan demoner orsaka känslor av ett specifikt beroende, och kan vara källan till begäret som driver personen till beroendeframkallande beteende. Det enda sättet att veta om så är fallet är genom att låta en präst be exorcismböner över personen.[99] Om personen svarar på den här bönen vet du att en demon är inblandad. Fr. Fortea säger: "Det är bönen som kommer att ge oss försäkran om att man har att göra med en demonisk besatthet eller inte."[100] Om personen inte svarar på det är det sannolikt ett autentiskt beroende. De mindre exorcismbönerna används först, och dessa har vanligtvis en effekt. För dem med ett beroende eller psykisk sjukdom, om det är av djävulskt ursprung, kommer symtomen att försvinna helt för en tid som ett resultat av dessa böner men kommer sedan tillbaka.[101]

Frestelser

Det vanliga sättet på vilket demoner försöker påverka människan är genom frestelser. Alla utsätts för denna typ av

---

[95] Ripperger #1
[96] Första Moseboken 19:11
[97] Glenn, 92
[98] Summa 1, Q. 114, A 4
[99] Ripperger #2
[100] Fortea, 75
[101] Ripperger #2

trakasserier, medan de extraordinära sätten är mycket mindre vanliga. Fr. Amorth säger: "Det finns fler offer för Satans vanliga handlingar än för hans extraordinära handlingar."[102] Djävulen föredrar att agera genom vanliga frestelser, där han kan förbli dold och obemärkt och uppnå större vinster i själar. När han arbetar på de extraordinära sätten avslöjar det hans närvaro, vilket i slutändan kan störa hans arbete.[103]

Fr. Ripperger noterar att ett tillvägagångssätt som demoner kommer att använda är att gräva upp gamla minnen och försöka använda dessa mot dig.[104] Det är inte svårt att föreställa sig vilken typ av saker de skulle kunna gräva fram och hur de skulle kunna använda dem. För dem som tar sitt andliga liv på allvar är detta en vanlig upplevelse. Som nämnts ovan tillåts demoner också ha tillgång till vår fantasi, utöver vårt minne. De kan, till exempel, föra dig till vilken pornografisk bild du någonsin har sett, och använda den för att fresta dig mot kyskhet.[105] Förutom att väcka minnen kan demoner också attackera din fantasi med bilder som inte finns i ditt minne. En präst berättade en gång en historia om en nunna som i en bikt nämnde att hon hade bilder i huvudet av en pornografisk natur. Denna nunna hade aldrig sett något sådant, och prästen drog slutsatsen att detta var av djävulskt ursprung.

Demoner kan också blockera dina minnen och din förmåga att komma ihåg vissa saker.[106] Detta hindrar dig från att minnas synden som var i början av alla dina problem, och som ligger till grund för de mer framträdande synder som du för närvarande kämpar med. Om demonerna kan blockera ditt minne av den synden, kan de också hindra dig från att avsäga dig den synden, vilket skulle hjälpa till att bryta greppet den har på ditt liv. Fr. Ripperger rekommenderar att vi ber Vår Fru av Sorg att avslöja för oss problemets sanna natur så att vi effektivt kan ta itu med det. Den här titeln till Vår Fru är kraftfull av en anledning och tas upp mer i kapitel tio.[107]

Demoner attackerar också vår uppfattning om människor och situationer.[108] Den vanligaste formen av detta är att få ondskan att

---

[102] Amorth, 63
[103] Amorth, 68
[104] Ripperger #1
[105] Ripperger #6
[106] Ripperger #6
[107] Sida 149
[108] Ripperger #6, #2

framstå som god för oss, att få oss att önska något, särskilt i ett svagt ögonblick, som vi annars aldrig skulle tycka var bra för oss. De kan också förvränga hur vi förstår vad en annan person försöker kommunicera till oss. Eftersom vi inte direkt kan förmedla våra tankar, intellekt till intellekt, som änglarna, är våra ord sårbara eftersom de överförs från en person till en annan. Någon som komplimenterar dig kan till exempel använda ett ord eller en fras som framkallar ett negativt minne. Detta kommer sedan att användas av demonerna för att få dig att tro att den andra personens avsikter är raka motsatsen till vad de faktiskt är. Vi måste också vara försiktiga med hur vi talar, och lyssna på varningen från St. Francis de Sales, som säger: "Även om vi inte menar något ont, så menar den Onde det, och han kommer att använda dessa tomma ord som ett skarpt vapen mot vår nästes hjärta."[109]

Denna förmåga att påverka vår uppfattning av saker och ting är en anledning till att kyrkan alltid har sagt att du aldrig får förlita dig på dina känslor för att urskilja ditt andliga liv. Demoner kan både attackera dina känslor och imitera dem inom dig, till och med som Fr. Ripperger säger, att de kan röra upp goda känslor när du tänker på ondska.[110] Genom att få oss att känna vissa känslor kan de ge en känslomässig belöning efter att vi har syndat. Demoner är extremt olyckliga andliga personer, och de försöker både göra oss olyckliga som de är och att forma oss till sin egen bild. Demonerna kommer att försöka betinga oss så att vi blir besjälade av samma laster som de är, och börjar på så sätt handla på ett sätt som är i överensstämmelse med deras eget beteende.[111] Fr. Amorth säger att när demonerna väl föll så ändrade de "radikalt sitt uppdrag" i vårt avseende. De är nu fokuserade, med sina skarpa intellekt, på "det unika målet att förgöra människor och göra dem till deras följeslagare i olycka."[112] St Francis de Sales beskriver demonernas misär som "sorg och melankoli" och att Satan använder sorg och depression för att få goda män att ge upp strävan efter att göra gott. Han säger, "Den Onde njuter av sorg och melankoli, eftersom de är hans egna egenskaper. Han kommer att vara i sorg och sorg i all evighet, och

---

[109] *Introduction to the Devout Life*, 143
[110] Ripperger #6
[111] Ripperger #8
[112] Amorth, 127

han skulle gärna ha alla andra likadant."[113] Det är genom att uppriktigt motstå Satans ansträngningar att göra oss trötta på att göra gott som vi kommer att kunna driva bort honom. Som den helige Paulus säger, "låt oss inte tröttna på att göra gott, för i sinom tid kommer vi att skörda, om vi inte tappar modet."[114]

Att knyta an till familjer

Som nämnts tidigare måste vi i andlig krigföring ofta ta itu med vad som kallas en generationsande. Det här är en demon som, med Guds tillstånd, är särskilt fokuserad på att attackera medlemmarna i en viss släktlinje. Fr. Ripperger säger att den här demonen går in genom auktoritetsstrukturen som Gud tillät, och kommer vanligtvis in genom en synd som begåtts av familjens fader. Detta överensstämmer med den bokstavliga formuleringen i Andra Moseboken, där Herren säger att han kommer att besöka "fädernas missgärning på barnen till tredje och fjärde generationen."[115] Denna synd öppnar dörren för demonen att komma in i hela hemmet.[116]

Den här sortens demoner kan resa inom familjen och längs släktlinjen genom äktenskap. Ofta, när så är fallet, kommer en nygift make att märka en plötslig förändring av negativ sort strax efter att äktenskapet inträffat.[117] Att ta bort en generationsande är en anledning till att det förekommer exorcism i den traditionella dopriten. Dessa dopexorcismer görs också för att säkerställa att barnet inte belastas av någon förbannelse som placeras där som ett medel för hämnd mot familjen.

Begreppet generationsande kan tyckas främmande för många människor. Fr. Thomas nämner att han inte heller trodde att det var en verklig sak förrän han började arbeta som exorcist. För dessa fall, som han säger, är det tydligt att den som drabbats inte hade gjort något som skulle ha lett till demonens närvaro i deras liv. Intyget i den Heliga Skrift om denna verklighet hjälper den att bli mer trovärdig, särskilt i ljuset av bevisen. Av vad han har sett kan det vara resultatet av engagemang i det ockulta i en av föräldrarnas eller

---

[113] *Devout Life*, 192
[114] Galatians 6:9
[115] Andra Moseboken 20:5
[116] Ripperger #1, #7
[117] Ripperger #9

farföräldrarnas liv. För att ta bort det har det visat sig vara till hjälp för personen att be avsägningsböner för vilken synd som helst som begicks av den tidigare generationen.[118]

Demoner försöker slå in en kil mellan makarna, ofta helt enkelt genom några av de frestelser som nämns ovan. Som Fr. Amorth säger, "Idag är familjer bland de mest utsatta för Satans vanliga agerande, genom nedkylning av relationer såväl som svek och splittring."[119] Fr. Ripperger framhåller vikten av god kommunikation mellan makar som effektivt motverkar denna attack. När makar kommunicerar kastar det ljus över dolda inre frågor som demonen känner till men som har förblivit okända för den andra maken. Genom att avslöja dessa personliga känslor och tankar för varandra, omintetgör makarna attacken av demonen och stärker sitt eget band.[120] Denna kommunikation är viktig på grund av det faktum, som är uppenbart i kulturernas universella nedgång, om ökningen av attacker mot barn och äktenskap, vars intensitet inte kan förstås rätt utan att ta hänsyn till den diaboliska verksamheten.

---

[118] Fr. Thomas #1
[119] Amorth, 89
[120] Ripperger #2

+ Demoner är verkliga, personliga, rationella, andliga varelser som valde det onda och ställer sig i opposition till Gud och människor.

+ Demoner vet att det de som dem förlorade i himlen kommer vi en dag att vinna genom nåd.

+ Det som exorcister ser i sin tjänst är i harmoni med vad den heliga skriften och kyrkan lär oss vara sanningen.

+ Demoner driver oss till ytterligheter och gör allt de kan för att hindra oss från att tänka på Gud.

+ Demoner försöker splittra och attackera och frustrera oss.

+ Demoner gör vad Gud tillåter dem att göra. Gud tillåter dem att handla, fastän inom de gränser som Han sätter.

+ Det diaboliska anfallet på mänskligheten började med Eva – och stolthet är roten till alla deras synder.

+ När vi syndar agerar vi i huvudsak som demonerna och detta öppnar dörrar för dem.

+ Vi måste hålla oss borta från saker som är förknippade med det diaboliska och inte låta nyfikenhet leda oss att testa det andliga riket.

+ Demoner tillåts påverka våra sinnen och våra kroppar och våra yttre liv. Vissa av dessa influenser är vanliga, andra är sällsynta.

+ Demoner föredrar att arbeta på dolda sätt men kommer att arbeta extraordinärt för att få oss att lida mer. När de manifesterar skadar det deras plan, eftersom det för deras existens in i ljuset.

+ Vi måste lära oss att kämpa bra och uthålligt mot demonerna.

Kapitel Två

Änglanaturen

När vi betraktar detta andliga krig som vi alla är engagerade i, och beteendet hos den Onde och hans demoner, kommer en kort begrun av dessa andars natur att vara upplysande. Den här introduktionen av änglarnas natur kommer inte att vara heltäckande, eftersom kyrkans tradition har mycket att säga om saken, särskilt i skrifterna av kyrkan-doktorerna.

De andar som Gud först skapade, som vi vanligtvis refererar till kollektivt som "änglar", är rena andar med ett intellekt och en vilja och är alltså personer. Deras intellekt och deras vilja är av en ordning som är mycket överlägsen människors, som också har ett intellekt och en vilja och är personer. När vi överväger änglarnas natur är det viktigt att komma ihåg att demonerna inte är skyddade och bemyndigade på samma sätt som de heliga änglarna. Detta beror på frånvaron av helgande nåd hos demonerna. En effekt syns i deras förmåga att veta saker. Som Msgr. Paul J. Glenn påpekar, "de fallna änglarna (eller demonerna) är helt skilda från gudomlig visdom och därför kan det i övernaturliga saker finnas fel eller falskhet i deras kunskap."[1]

Änglakunskap

Änglar ges ingjuten kunskap, som sedan är naturligt närvarande i ängeln, ingivet på ett sådant sätt av Skaparen i samma ögonblick som ängelns skapelse.[2] Även om vi också kan ta emot ingjuten kunskap som en speciell nåd från Gud, förvärvar vi kunskap genom sinnen och genom att bli undervisad av andra och av Gud. Änglarnas ingjutna kunskap överträffar vida den kunskap vi förvärvar. Det

---

[1] Glenn, 51
[2] Summa 1, Q. 54, A 4

inkluderar kunskap om alla immateriella och materiella ting. Till de heliga änglarna ger Gud också en kunskap om sig själv, vilket är den saliga syn som de åtnjuter till följd av sin trohet. Änglar är ojämförligt intelligentare än människor och besitter en förmåga att veta mer än vi gör.[3] Som Msgr. Glenn beskriver, "Änglasinnet är som en klar spegel. som tar in den fulla innebörden av vad den riktar sig på."[4] Även om änglar inte behöver förstå genom att resonera, är de kapabla att göra det och att förstå hur vi tänker och resonerar.

Änglar förstår den gudomliga försynens plan till den grad som Gud tillåter dem att förstå.[5] Trots denna ofullständiga kunskap som samtidigt inte innehåller några fel eller falskheter, är de väldigt bra på att förutsäga vad som kommer att hända. Deras ingjutna kunskap inkluderar de saker som händer efter skapelsens ögonblick, i den skapade världen, förutom vad som händer i våra inre liv. Således vet de allt som händer i hela världen, som en gåva från Gud. Med tanke på den stora rikedomen av kunskap som de besitter, kraften i deras intellekt, deras förmåga att röra sig i tankens hastighet och frånvaron av någon börda som skulle begränsa tillgången till dessa krafter, såsom vi upplever genom vårt svaga kött, är änglar kapabla att lägga ihop fler pusselbitar, så att säga, än vi någonsin skulle kunna komma i närheten av att göra. Detta skulle kunna likna en förmåga att "se framtiden" men skulle faktiskt inte vara att se den sanna framtiden, vilket är en förmåga som bara Gud naturligt besitter.[6]

Änglalik kommunikation är också baserad på intellektet. Medan vi talar med våra stämband, genom våra kroppar, har änglar inte kroppar eller någon form av fysisk form - de är rena andar. Änglar kommunicerar genom att agera på en annan ängels intellekt, med den ängelns samtycke. Fr. Ripperger beskriver att änglakommunikation, i moderna termer, är ett slags telepati.[7] Fr. Fortea säger att om vi riktar vårt sinne och vilja till ett helgon, en ängel eller en demon, kan de höra oss. Han har sett denna verklighet

---

[3] Summa 1, Q. 54–57
[4] Glenn, 51
[5] Summa 1, Q. 58
[6] Summa 1, Q. 57, A 3-5
[7] Ripperger #5

i en exorcism när demonen lydde en order som han endast gav mentalt.[8]

St. Thomas säger att "för en ängel att tala med en annan ängel innebär inget annat än att han av egen vilja styr sitt mentala koncept på ett sådant sätt att det blir känt för den andre."[9] Änglar agerar mot oss på liknande sätt och föreslår tankar för oss, som vi kan samtycka till eller som vi kan avvisa. Tänk på hur upplevelsen av en typisk djävulsk frestelse är: en tanke kommer till oss som är ond, vi känner igen den som ond, vi avvisar den eller samtycker till den och, om den senare, omfamnar vi tanken som vår egen. De heliga änglarna fungerar på samma sätt, men med idéer som är goda och heliga. Vanligtvis är det väldigt svårt att skilja våra egna idéer från de som kommer från en ängel eller en demon.

Plats

Änglar upptar inte en plats; de är "här" eller "där" för att de utövar sin makt på den platsen och inte på en annan.[10] En "plats" är bara för en fysisk sak, som måste uppta ett fysiskt utrymme eftersom det tar plats. Tänk på dig själv, eller ett träd eller en fågel: fysiska saker behöver en plats att vara. Änglar är rena andar och besitter ingen materia, och upptar därför inte en plats. Men de är aktiva i den här världen, och den aktiviteten gör dem "här" eller "där". De agerar på något genom att fästa sina tankar på något och kan ändra sin aktivitet helt enkelt genom att ändra sina tankar.[11]

Tid

Änglar är varken på en plats eller i tid. Det finns tre sätt att vara i relation till tid. Det finns de som skapades i tiden och lever i tiden, till exempel människor. Vi skapades i denna förbigående värld och lever i denna värld. För änglarna används termen 'aeveternity'. De skapades utanför tiden men är kapabla att agera i tiden och ha en ingjuten kunskap om vad som händer i tiden. För Gud använder vi

---

8 Fortea, 34
9 Summa 1, Q. 107, A 2
10 Summa 1, Q. 52
11 Summa 1, Q. 52

termen 'aeternum'. Gud har ingen början och inget slut och är själv skaparen av tiden.[12]

Deras början

Änglar skapades i ett tillstånd av helgande nåd och var ingjutna med de teologiska dygderna. Men de skapades inte i ett tillstånd av ära i den meningen att de hade den saliga visionen. I deras första ögonblick var det flera ögonblick som avgjorde om de skulle gå vidare till saligförklaring eller bli fördömda.[13] Fr. Ripperger förklarar att det första ögonblicket var en omedelbar uppfattning om deras tilldelade uppgift, som hade någon form av relation till Kristus. Gud sa till alla änglarna: "Detta är ert tilldelade uppdrag, och det är så det relaterar till Kristus." Änglaintellektet är sådant att, så snart de överväger en sak, har de omedelbart en fullständig förståelse för den saken.[14]

Det andra ögonblicket var det omedelbara beslutet om de skulle acceptera eller förkasta uppgiften som tilldelats dem, vilket var den enda välgörenhetshandling som krävdes för att uppnå salighet. Eftersom deras kunskap om denna uppgift var full och fullständig, förstod de till fullo konsekvenserna av att säga "ja" eller "nej". Fr. Ripperger säger att Satan gav sitt ökända "Non serviam!" på grund av inkarnationen och det faktum att han skulle behöva tjäna Vår Herre i köttet. Satan kunde inte heller acceptera det faktum att "Kvinnan" skulle vara större och mer kunnig än alla andra skapade varelser, inklusive han själv. Profetian i Första Moseboken, "hon skall krossa ditt huvud",[15] är resultatet av hans förkastande.[16]

Den helige Thomas citerar Origenes för att hjälpa oss förstå den förbannelse som riktades mot Satan efter att han frestade människan att falla från nåden som han gjorde: "Forntidens orm," säger han, "gick inte från första början på bröstet och mage."[17] Som St. Thomas säger, visar detta att djävulen skapades god och det var först efter att

---

[12] Ripperger #5

[13] Summa 1, Q. 62

[14] Ripperger #5

[15] En berömd översättning från helige Hieronymus av Försts Moseboken 3:15 använder 'ipsa' istället för 'ipse' och framställer därför 'hon' istället för 'han' som den som kommer krossa ormens huvud. Detta är en ålderdomlig tradition och något som är väl försnkrat i den Heliga Traditionen.

[16] Ripperger #5. Detta är en av många teorier angående änglarna fall.

[17] Summa 1, Q. 63, A 6

han förkastade Guds vilja som han förlorade nåden och blev fördömd.

På andra sidan finner vi våra skyddsänglar. De sa genast 'ja' och förtjänade sedan ärans nåd och såg Gud ansikte mot ansikte. Så snart vi skapades började de sin stora uppgift att skydda oss och kämpa för vår frälsning. Hela tiden, när de ser på oss, ser de ständigt Gud i all hans härlighet. Som ett resultat av denna saligförklaring, "kan den saligförklarade ängeln varken vilja eller handla, utom som att han siktar mot Gud. Den som vill eller handlar på detta sätt kan inte synda."[18]

Det tredje ögonblicket var den permanenta fixeringen av deras viljor i detta grundläggande val. Deras viljor bekräftades i antingen gott eller ont, och de blev antingen omedelbart fördömda eller såg omedelbart Gud ansikte mot ansikte. Gud förbarmar sig över människan och inte änglarna eftersom vi är mycket mindre intelligenta och förstår inte helt vad vi gör. Änglar, eftersom de har mycket överlägsna intellekt och viljor, förstår till fullo konsekvenserna av deras handlingar.

---

[18] Summa 1, Q. 62, A 8

<u>Kompendium Två</u>

+ Demoner är fallna änglar. De har samma typ av natur som de heliga änglarna, men med begränsningar.

+ Demonernas makt begränsas delvis på grund av frånvaron av helgande nåd, vilket också begränsar deras förståelse av Guds plan och leder till att de gör misstag.

+ Det änglalika intellektet är mycket skarpt och medvetet om allt och ges enorm ingjuten kunskap av Gud.

+ Även om de inte kan se framtiden, ger deras stora kunskaper och intellektuella krafter dem en imponerande förmåga att uppfatta och förutsäga den kurs som framtiden kommer att ta. Varken änglarna eller demonerna kan faktiskt se framtiden.

+ Änglar kommunicerar genom att agera på en annan ängels intellekt. De kan agera på våra intellekt på samma sätt.

+ Änglar sägs vara på en plats baserat på deras aktivitet på den platsen.

+ Änglar förtjänade saligförklaring i det första ögonblicket efter att de skapats, när de valde att lyda Guds vilja och tjäna honom. Detta är samma ögonblick då demonerna valde att inte lyda.

+ Våra skyddsänglars första tanke var att de ville tjäna Gud genom att skydda oss.

+ När änglarna väl gjorde sitt val, blev deras viljor fixerade i detta beslut, eftersom de hade fullkomlig klarhet angående sitt val.

Kapitel Tre

Stadierna av diaboliskt inflytande

Diaboliskt inflytande framkommer i sex former med avseende på människor och i en med avseende på djur och andra materiella ting. De sex formerna är: frestelse, ansättande, förtryck, tvångssyndrom, besatthet och underkuvande. Formen relaterade till djur, och andra materiella ting, kallas hemsökelse.[1]

Vanligt diaboliskt inflytande - frestelse

Den typiska, konstanta och återkommande formen av diaboliskt inflytande, som varje människa alltid kommer att vara utsatt för, involverar de olika former av frestelser genom vilka demonerna försöker urholka vår tro, hopp och kärlek och stjäla oss från ett tillstånd av nåd. Dessa frestelser är vanligtvis subtila men är alltid listiga och samordnade med det ovan nämnda målet uttryckligen i demonens sinne. Denna subtilitet återspeglas i hur Fr. Fortea beskriver frestelsen. Han säger: "Demoner frestar oss genom att ingjuta tankar i våra sinnen. Med andra ord, en demon introducerar i vårt förnuft, minne och fantasi intellektuella föremål som är lämpliga för vår förståelse och som inte kan särskiljas från våra egna tankar."[2] En av nycklarna här är att frestelsen "inte kan särskiljas" från vad vi uppfattar som vårt eget tänkande om en idé. Om vi inte kan göra den skillnaden är det mycket mer sannolikt att vi följer frestelsen. Noggrann urskiljning av våra tankar kan ofta avslöja djävulens verk.

Den första frestelsen med Eva är ett exempel på denna form av påverkan. När Eva lyssnade på ormen så lät hon honom interagera med hennes sinne och fantasi. De idéer han gav henne väckte hennes

---

[1] Se sida 15.
[2] Fortea, 47

känslor och, fylld med en bedräglig förvridning av de ord som Gud själv förmedlade henne, framstod de för henne som något förtjusande och värdigt hennes samtycke. De väckte också hennes självcentrering, som är stolthet, och roten till varje fall, inklusive Satans själv.

St. Francis de Sales berättar om ett våldsamt angrepp på den heliga Katarina av Sienas fantasi, som visar vad Gud tillåter och vad Satan är kapabel att göra. Han hävdar,

> "Den Onde har fått tillstånd från Gud att angripa den fromma jungfrun med all sin styrka, så länge han inte lade någon hand på henne, han fyllde hennes hjärta med orena förslag och omgav henne med alla tänkbara frestelser genom syn och ljud, som, trängde in i hennes heliga hjärta, så fyllde det att, som hon själv har sagt, ingenting förblev ledigt utom hennes mest akuta överlägsna vilja."[3]

Om denna list också tillämpades i attacken mot Eva, är det inte förvånande att hon föll.

Extraordinärt diaboliskt inflytande

De följande fem exemplen kallas extraordinära diaboliska influenser. Dessa är sällsynta och utöver de normala frestelser som varje mänsklig person upplever dagligen. Dessa förekommer inte lika ofta som frestelser, men som exorcister ser blir de vanligare idag.

Diaboliskt ansättande

Den moderna termen för att hänvisa till denna kategori av djävulskt inflytande är ansättande. Det är när demoner får tillåtelse av Gud att fysiskt misshandla en person. Vanligtvis är de människor som tillåts attackeras på detta sätt helgonen, men inte uteslutande. Det kan ibland visa sig i fall av en allvarlig hemsökelse i ett hem, till

---

[3] *Devout Life,* 182

exempel.[4] Detta är mycket sällsynt och anledningen till att Gud tillåter att det inträffar är för att åstadkomma ytterligare helgelse av personen och förnedring av demonen.[5] Även om det vanligtvis är en upplevelse som bara de heliga går igenom blir dessa upplevelser allt vanligare i dag på grund av ökningen av grova synder, vidskepelse och människor som lever i ett tillstånd av synd.

Denna kategori inkluderar skador som orsakas av oförklarliga händelser, såsom skrapsår eller skärsår på kroppen utan någon förklaring,[6] samt att bli dragen i hår och att människorna nerknuffade i trappor. I helgonens liv kan vi läsa om fysiska övergrepp, som med knytnävar (St. Pio av Pietrelcina) och möbler som helt plötsligt fattar eld (St. John Vianney), St Teresa av Avila drabbades av liknande ansättande från demoner. Efter en sådan attack, efter att ha fördrivit dem med heligt vatten, gick några av hennes systrar in i hennes rum och kände en illaluktande lukt, som svavel.[7] Som Fr. Jeffrey Grob har noterat, att förtryck, som är en attack mot sinnena, också kan leda till en situation där "allt en person luktar eller smakar är ruttet."[8]

Enligt Fr. Amorth kan ansättande också ta formen av mardrömmar där personen drömmer om att agera på onda sätt. Denna form av ansättande liknar diaboliskt tvångssyndrom.[9] Adam Blai listar demoniska mardrömmar under potentiella tecken (sekundära) på ett fall av hemsökelse av en ond ande. Som han säger är dessa inte alltid en indikator, eftersom mardrömmar är vanliga för människor och typiskt tecken på att bearbeta stress. Diaboliska mardrömmar är, som han kallar dem, "ihållande, repetitiva och ur karaktär för personen."[10] För att vara ett fall av hemsökelse skulle också mer dramatiska tecken finnas.

Diaboliskt förtryck

Diaboliskt förtryck involverar de saker som påverkar en persons liv utifrån. Dessa kan omfatta alla aspekter av en persons liv. Från

---

[4] *Demon of Brownsville Road* och fallet i Gary, Indiana.
[5] Ripperger #2
[6] Artikeln från Fr. Grob.
[7] *Life of Teresa*, 174
[8] Artikeln från Fr. Grob.
[9] Amorth, 71
[10] Blai, 42

sina erfarenheter har exorcister bevittnat dessa extraordinära manifestationer i första hand. Fr. Ripperger säger att diaboliskt förtryck kan framstå som oförklarliga ekonomiska svårigheter, som oförmågan att få anställning trots att man är högkvalificerad och söker flera jobb, eller att man helt plötsligt får sparken. Förtryck kan manifesteras och få en persons ägodelar att kroniskt gå sönder, trots rimliga ansträngningar för att hålla dem i god ordning.[11] Fr. Amorth påpekar att det också kan orsaka splittring inom äktenskap, slita isär vänskap och lämna personen isolerad.[12] Detta är naturligtvis målet för djävulen som, som Fr. Grob nämner, "lever för att ingjuta rädsla och isolering i den mänskliga själen."[13]

Vardagen, som till exempel jobb, kan också påverkas av förtryck. Fr. Ripperger sa att han hjälpte en läkare för vilken många patienter vägrade att betala och helt enkelt inte dök upp för bokade tider. Han skrev en bön till honom som adresserade situationen och problemet löstes inom en vecka.[14]

Den här bokens författare, efter att ha studerat Fr. Rippergers läror, och själv urskiljt en rimlig respons på liknande märkliga situationer, hade en vän i en liknande situation som den här läkaren. I åratal hade denna vän erfarenheten av att träffa klienter med de mest märkliga och atypiska komplicerade situationer. Andra proffs som de arbetade med var överens om att något var konstigt och att ett "svart moln" verkade följa efter dem. Upplevelsen var densamma på flera kontor där de hade arbetat. Jag skrev en bön som tog upp det specifika problem som verkade ligga till grund för allt detta, med hjälp av den allmänna andliga krigföringsvisdom som Fader lär ut, och gav bönen till denna vän. Precis som Fader beskriver fungerade bönen som om den blockerade något. De dagar då denna vän glömmer att be bönen är upplevelsen på kontoret lika bisarr som den brukade vara.

Förtryck kan påverka relationer på flera sätt. En kvinna som Fr. Ripperger hjälpte till, led under frimurarförbannelsen, från vilken han hjälpte henne att komma loss. Innan det ögonblicket hade kvinnan varit främmande från sina fem döttrar i många år, som hade lämnat henne utan någon god anledning. Inom en vecka efter att ha

---

[11] Ripperger #1, #2
[12] Amorth, 72
[13] Fr. Grob artikeln
[14] Ripperger #2

brutit frimurarförbannelsen ringde alla fem döttrarna till henne och ville återknyta kontakten och återställa sin relation med henne.[15]

Förtryck kan framstå som en sjukdom utan någon naturlig förklaring. Dessa anses ofta vara diaboliska om de inte svarar ordentligt på behandlingen eller löses genom exorcistens böner. I ett fall hjälpte fr. Ripperger en man med stadium fyra bukspottkörtelcancer. Efter att ha bett mindre exorcismböner över mannen och åkallat Vår Frus hjälp, förklarade läkaren honom fri från cancern. Ett år senare inträffade dock en liknande serie händelser med en annan sjukdom. Fr. Fortea håller med om att, även om det är sällsynt, att demoner kan orsaka sjukdomar.[16] Han refererar till historien om den heliga Therese av Lisieux, som skrev om en sjukdom som hon var säker på hade kommit från en demon. S:t Lukas beskriver en "sjukdomaande" som orsakade en sjukdom hos en kvinna som, trots den andens inblandning, inte var besatt. Sjukdomen som tillfogats Job är ett annat exempel på denna förmåga hos demoner.[17] I en något annorlunda manifestation kan en demon ibland, till följd av en förbannelse, orsaka en sjukdom hos en person och sedan gå vidare. Vid denna tidpunkt är den enda nödvändiga åtgärden medicinsk.[18]

Erfarenheter i kategorin förtryck är vanligtvis ett positivt tecken. Det tyder på att Gud skyddar personen från andra former av demoniska attacker.[19] Som ett resultat av det skyddet, kommer demonerna, eftersom de inte kan komma till personen på det sätt de vill, efter dem i dessa former.

Det är intressant att notera här, när vi diskuterar demonernas skadliga förmågor, att våra skyddsänglar är både intresserade av och kapabla att erbjuda oss extraordinära hjälpmedel som är raka motsatsen till det som demonerna försöker göra. Våra skyddsänglar introducerar fromma tankar i våra sinnen och avvärjer de demoniska förslagen. De kan också avslöja vad som är den bästa vägen för oss att ta i en viss situation. Relevant för denna kategori av förtryck så kan våra skyddsänglar hjälpa till att hela oss och bota oss från sjukdom, och till och med hjälpa oss att sova bättre. Det finns också

---

[15] Ripperger #2
[16] Ripperger #2
[17] Fortea, 31
[18] Fortea, 113
[19] Ripperger #3

tillfällen då de tillåts påverka och till och med röra kroppen för personens bästa.[20] All denna änglaaktivitet kan ses som en del av deras motåtgärder mot demonerna, för, som St Thomas säger, "demonerna hålls borta av de goda änglarna, så att de inte gör så ont som de skulle vilja."[21]

Diaboliskt tvångssyndrom

Till skillnad från diaboliskt ansättande och diaboliskt förtryck är diaboliskt tvångssyndrom ett internt djävulskt angrepp, som involverar ett bombardemang av tankar in i personens sinne. Fr. Ripperger beskriver diaboliskt tvångssyndrom som en situation där en demon krigar mot personens fantasi och känslor i den utsträckning att personen i vissa fall tappar kontrollen över de. Han tillägger att personen är fri men belastas av tvångstankar som är "rationellt absurda men personen förblir oförmögen att tänka på annat sätt."[22] Fr. Grob tillägger att detta kan leda personen till en oförmåga att be eller fokusera till följd av de "röster" som detta ger. Upplevelsen kan också driva en till att överväga självmord.[23]

Fr. Amorth beskriver diaboliskt tvångssyndrom som en upplevelse där personen "utsätts för en stark kraft som skapar mental aktivitet i honom som är repetitiv, tvångsmässig och oemotståndlig." Det kan inkludera syner, röster, hallucinationer och störande bilder. Även om det inte helt tar över sinnet, "så formar det honom i hans förhållande till världen." Eftersom "dessa tvångsstörningar är mycket lika mentala patologier" är det nödvändigt att söka medicinsk hjälp för att säkerställa att sjukdomen inte är helt naturlig.[24]

Fr. Ripperger uppskattar, baserat på sin erfarenhet, att cirka tjugofem procent av människorna i USA är under diaboliskt tvångssyndrom. Den utbredda användningen av pornografi har stor inverkan på detta. Diaboliskt tvångssyndrom blir också mycket

---

[20] Ripperger #3
[21] Summa 1, Q. 113, A 4
[22] Ripperger #3
[23] Artiklen av Fr. Grob
[24] Amorth, 72

vanlig nuförtiden på grund av den allt mer syndiga egenskap som kännetecknar människors liv.[25]

Enligt Fr. Ripperger kan diaboliskt tvångssyndrom komma och gå och inte vara ihållande. Det börjar snabbt och kan sluta snabbt, vilket ger starka känslor som inte är baserade i verkligheten. Personen kan bli extraordinärt arg utan anledning, eller deprimerad i hög grad, och då kan den lyfta plötsligt. Han säger att Vår Herre inte tillåter en konstant diaboliskt tvångssyndrom utan en som kommer och går med toppar och dalar. Om situationen inte åtgärdas på rätt sätt kan tvångssyndromet bli mer intensiv.[26]

Det finns en verklig psykologisk sjukdom, bipolär, som liknar diaboliskt tvångssyndrom, och det är viktigt att skilja denna från diaboliskt tvångssyndrom. Ofta, säger fr. Ripperger, leder bipolär till diaboliskt tvångssyndrom, eller kan åtminstone ha en diabolisk komponent. Fader säger att han har haft fantastisk framgång med att be den gamla exorcism riten över människor med bipolär sjukdom.[27] Ibland, efter upprepade bönsessioner, försvann symptomen gradvis under längre tid och gjorde det möjligt för människor att sluta med sina mediciner. Tillgång till bikt ger liknande resultat för dem som lider av diaboliskt inflytande. Efter att ha erkänt kommer frestelserna att avta men senare dyka upp igen. När problemet endast är psykologiskt har bikten inte samma inverkan.[28]

Det bästa sättet att bekämpa diaboliskt tvångssyndrom är ödmjukhet och mental bön. Ödmjukhet är det mest kraftfulla för att skydda dig själv. St Louis de Montfort säger att Marias ödmjuka tjänare, i förening med henne, kommer att krossa Satans huvud med sin ödmjukhet.[29] St. Louis de Montfort har ett kraftfullt uttalande om ödmjukhet, värt att citera i sin helhet i detta sammanhang:

"De onda andarna, de listiga tjuvarna som de är, kan överraska oss och beröva oss allt vi äger. De vakar dag och natt efter det rätta ögonblicket. De strävar oavbrutet och försöker sluka oss och rycka ifrån oss på en kort stund, i syndens ögonblick, all den nåd och förtjänst vi har tagit år

---

[25] Ripperger #5
[26] Ripperger #2
[27] Exorcism riten ändrades 1999.
[28] Ripperger #2
[29] *True Devotion,* 54

att förvärva. Deras ondska och deras erfarenhet, deras list och deras antal borde göra oss ständigt rädda för en sådan olycka händer oss. Människor, rikare på nåd och dygd, mer erfarna och avancerade i helighet än vi är, har blivit tagna på sin vakt och blivit bestulna och fråntagna allt. Hur många cedrar på Libanon, hur många stjärnor på himlavalvet har vi sorgset sett falla och på kort tid förlora sin höghet och sin glans! Vad har åstadkommit denna oväntade förändring? Inte bristen på nåd, för detta förnekas ingen. Det var en brist på ödmjukhet; de ansåg sig vara starkare och mer självförsörjande än de egentligen var. De trodde sig väl kunna hålla fast vid sina skatter. De trodde att deras hus var tillräckligt säkert och att deras kassa var tillräckligt stark för att skydda deras värdefulla skatt av nåd. Det var på grund av deras omedvetna tillit till sig själv – även om det verkade för dem som att de enbart förlitade sig på Guds nåd – som den mest rättfärdiga Herren lämnade dem åt sig själva och lät dem bli plundrade."[30]

Eftersom stolthet är en korruption av vårt sätt att tänka, är det till stor nytta att utöva vård av sinnet för att kontrollera våra tankar och bli mer uppmärksamma på början av frestelser. Innan diaboliskt tvångssyndrom hinner sätta sig in i ditt sinne, kan mental bön[31] och meditation bryta tvångssyndromet och förhindra att den blir rotad och problematisk. Som den helige Alphonsus säger: "Meditation är den välsignade eldstaden i vilken gudomlig kärlek lyser upp."[32] Han tillägger: "Gud upplyser oss i meditation. I meditation talar Gud till oss och gör känt för oss vad vi ska undvika, och vad vi ska göra."[33] Befrielseböner[34] är också till hjälp för att hantera diaboliskt tvångssyndrom.

---

[30] *True Devotion,* 88
[31] Se sida 136.
[32] Helige Alphonsus likställde mental bön med meditation.
[33] *Preparation,* 323
[34] Dessa kan bes av en präst eller en själv om bönerna är godkända.

Diabolisk besatthet

Svårare än alla andra former av diaboliska influenser som tidigare har nämnts är besatthet, vilket är när en demon tar över antingen en del (delvis) eller hela kroppen (hela) av en person. Vanligtvis är diabolisk besatthet endast partiellt. Full besatthet är den allvarligaste formen och gör hela kroppen föremål för demonen. Fallen av diabolisk besatthet är sällsynta. Det finns många fler fall av diabolisk ansättande, diaboliskt tvångssyndrom och diaboliskt förtryck.[35] Men, liksom de mindre formerna av diaboliskt inflytande, blir besatthet allt vanligare nu. Fr. Ripperger uppger att ungefär tre av etthundrafemtio fall som han utreder slutar med att vara ett fall av diabolisk besatthet. Fr. Grob uppskattar att ungefär åttiofem procent av människorna som kommer till honom inte behöver en exorcist. Vissa behöver fortfarande en präst, men andra skulle bara ha nytta av en rådgivare.[36]

Det finns tre sätt som en person kan bli besatt. Det är inte alltid resultatet av en ond gärning från personens sida. En person kan bli besatt genom dödssynden[37], vilket är det vanligaste. Fr. Fortea säger att människor kan bli besatta av att "sluta en pakt med djävulen, delta i spiritistiska sessioner, sataniska kulter eller riter, erbjuda sitt barn till Satan eller vara offer för häxkonst. "Diabolisk besatthet", tillägger han, "är inte smittsamt", en dörr måste öppnas.[38] De dödssynder som leder till diabolisk besatthet är inte nödvändigtvis extrema synder, utan inkluderar stolthet och otukt, inte bara mord.

Människor kan också bli besatta som ett resultat av att något allvarligt händer med personen, och där den korrekta läkningen inte sker. Detta kan skicka personen i en nedåtgående spiral, fångad i en värld av negativa känslor.[39] Slutligen kan besatthet också komma helt enkelt genom Guds vilja, vilket naturligtvis är mycket sällsyntare än andra manifestationer av det demoniska.[40]

---

[35] Amorth, 66

[36] Fr. Grob video

[37] Dödssynd leder till andlig död. Om en person begår en dödssynd och inte bekänner den i sakramental bikt är han utan skydd av Guds nåd och därför utsatt för djävulens interna och externa aktivitet.

[38] Fortea, 82

[39] Fr. Grob video

[40] Mer om detta i kapitel nio.

Vissa människor som är besatta klarar av att hålla jobb och leva ett normalt liv, utan att någon vet att de är besatta.[41] Demonen kommer bara att manifestera sig då och då.[42] För andra kan det vara så att de inte kan fungera alls och de är oförmögna att be. De symtom på besatthet kan växla mellan besatthet och ett normalt liv. Ibland kommer besattheten att manifesteras när det provoceras av yttre händelser, som stress eller en upplevelse av det heliga, som i exorcismriten.[43]

När demonen manifesterar sig har personen ingen kontroll över vart de gör. Vissa människor mörknar i princip och har ingen aning om vad som händer. Demoner kan också undertrycka förmågorna i kroppen så mycket att det är som om personen helt enkelt ser hur demonen använder sin kropp.[44] De besatta kan utsättas för inre angrepp från djävulen, inklusive darrande ben, huvudvärk och andra smärtor och sjukdomar. I de allvarligare fallen är personen oförmögen att leva ett stabilt liv. Alla fall är olika. Vissa kan be och gå på mässan, medan andra inte klarar av det.[45]

Att befria en person från en full besatthet är svårt eftersom personen i det här fallet har gett sin vilja över till demonen. Det första exorcisten måste göra är att fråga personen om de vill bli befriade.[46] Hur chockerande det än kan låta finns det några besatta människor som inte vill bli befriade. I fråga om besatthet, som fr. Ripperger beskriver det, demonen etablerar en misshandlande relation med de besatta. Det kan börja som ett fredligt slaveriförhållande, men när personen väl gör motstånd mot demonen blir förhållandet farligt och skadligt.[47]

Frestelsen från en demon utgår från en noggrann analys för att framgångsrikt uppnå ett önskat resultat.[48] Deras beslut att gå in i en person när dörren är öppen är dock inte nödvändigtvis genomtänkt. Även om de har fri vilja, har demoner inte dygd, vilket skulle hindra dem från att ge efter för frestelsen att äga någon, särskilt när de borde kunna se att det kommer att orsaka dem själva mycket lidande.

---

[41] Amorth, 82
[42] Ripperger #2
[43] Amorth, 67
[44] Ripperger #3
[45] Amorth, 82
[46] Ripperger #1
[47] Ripperger #1
[48] Fortea, 50

Istället, förslavade av sina viljor, fixerade på ondska, är demonerna impulsiva och söker den omedelbara tillfredsställelsen från den skada de kan tillfoga.[49]

När de frestar personen och försöker ta sig in, letar de efter vissa fysiologiska tecken som avslöjar att personen har gett sitt samtycke. Demoner kan inte känna till personens vilja specifikt, eftersom detta inte ligger i den änglalika naturens makt. De kan avläsa kroppsreaktioner som kommer med personens tankar och som visar att personen har samtyckt. Fr. Ripperger påpekar att modern vetenskap har bekräftat att det finns kroppsliga tecken som följer med en persons tankar, som när personen ljuger. Demoner vet de och letar efter dessa för att avgöra personens tankar.[50] Fr. Amorth säger att en demon inte kan läsa våra tankar, "han kan bara ana det genom att observera vårt beteende. Det är ingen komplicerad operation för honom, han har en extremt fin intelligens." En demon kan bestämma hur han ska fresta oss genom att observera "vad vi läser, ser, säger och vad vi upplever, och från de vänner vi väljer, till och med från våra blickar - av allt detta kan han urskilja var han kommer att fresta oss och i vilket särskilt ögonblick Och det är vad han gör."[51]

Underkuvande

Den sista formen av diaboliskt inflytande kallas underkuvande. Fr. Ripperger förklarar att detta innebär att bokstavligen ingå en pakt med djävulen eller en demon och underkasta sig hans herravälde.[52] Det är en överenskommelse med djävulen som bygger på något som djävulen har erbjudit. Konceptet med att sluta en pakt med djävulen förekommer redan på 500-talet, enligt den helige Hieronymus. Att sluta en pakt med djävulen ger inte alltid det som önskas, vilket exorcister har sett. Djävulen är en lögnare, inte en välgörare.[53] Satan kan inte riktigt ingå ett kontrakt av detta slag, eftersom han inte kan garantera att han kommer att ge vad han har lovat. Allt som djävulen gör är vad Gud tillåter honom att göra, och

---

[49] Fortea, 84
[50] Ripperger #3
[51] Amorth, 20
[52] Ripperger #3
[53] Fortea, 29

han kan inte göra någonting om inte Gud tillåter det. Trots detta ger dessa pakter vad de lovar ibland.[54]

Enligt Fr. Amorth, när man blir satanist, är upplevelsen i början vanligtvis att alla löften "kommer lätt och [det] verkar vara en stor och vacker affär." Snart står det dock klart att Satan har "tagit dem på en tur" och deras liv blir ett intensivt lidande. I människors liv som han har hjälpt har fr. Amorth sett Satan uppfylla sina löften om framgång och rikedom, bara för att sedan snabbt kräva själen av den inblandade personen, vilket leder dem in i stunder av intensivt hat mot andra som de knappt kunde motstå.[55]

Oavsett defekten i ett sådant kontrakt händer de fortfarande. Enligt Fr. Ripperger är dessa pakter vanligare än folk tror, särskilt i Hollywood, där det är ett stort problem.[56] Många av dessa är ganska kända. John Lennon, till exempel, rapporteras ha ingått en pakt med djävulen innan han och Beatles blev kända. Pakten omfattade en period på tjugo år. Nästan tjugo år till paktens dag sköts John Lennon.[57] Denna form av djävulsk påverkan är vanligtvis svårast att bryta. Det finns många faktorer som gör dessa pakter så starka. Som Fr. Fortea säger: "Den stora destruktiva kraften i en pakt är att personen kan tro att han är dömd oavsett vad han gör."[58] Om personen kan nås med hopp om nåd, är det naturligtvis möjligt att övervinna kontraktet och de djävulska effekter det har medfört.

Det finns dock vissa människor som väljer det onda och vill stanna kvar med det onda. Fr. Amorth fick en ung man hämtad till sig av hans mor och syster. Mannen rökte, svärde och använde och sålde droger. När Fr. Amorth började be med honom, manifesterade sig demonen våldsamt och Fr. Amorth var tvungen att sluta. Efter att ha berättat för mannen att han var besatt, uppgav mannen att han redan var medveten om det faktum och inte hade några problem med det. Fr. Amorth såg aldrig mannen igen.[59]

Detta val att förbli besatt kan kopplas till det ursprungliga löftet om sällskap eller kraft som demonen erbjöd. Lockelsen av makt och "kamratskapet och bekräftelsen av alla negativa känslor" som

---

54 Ripperger #2
55 Amorth, 34
56 Ripperger #2
57 Detta förmedlas is Lennons biografier, såsom de skrivna av Ray Coleman, Albert Goldman, och Joseph Niezgoda, plus andra dokumentärer om the Beatles.
58 Fortea, 30
59 Amorth, 76

personen har upplevt kan leda personen att tillåta demonen att komma in mer och djupare i deras liv. Personen kan villigt ha tillåtit besattheten att ske som ett resultat av detta sätt att närma sig. Så småningom kan personen känna sig så fäst vid demonen att "de inte vet vilka de är utan demonen, även om dess närvaro är skrämmande."[60]

---

[60] Blai, 20f

Kompendium Tre

+ Demoner förmedlar skickligt tankar till våra sinnen på sätt som är nästan omöjliga att upptäcka.

+ Ibland kommer demonerna att attackera sinnet och överväldiga det med idéer och bilder för att bryta personens vilja och få personen att synda.

+ Hela mänskligheten är föremål för vanliga frestelser och måste kämpa dagligen för att undvika synd.

+ Extraordinära diaboliska aktiviteter är vanligtvis sällsynta men blir allt vanligare idag.

+ För att drabbas av dessa måste vanligtvis en dörr villigt öppnas till de diaboliska, antingen av individen eller av en annan person mot individen.

+ I dessa extraordinära manifestationer tillåts demoner att attackera personens fantasi, personens sinnen, personens ägodelar och ibland personens kropp.

+ Demoner tillåts också att iscensätta yttre händelser på ett sätt som är utformat för att tillfoga personen skada eller lidande eller förvärra personens liv.

+ Demoner tillåts också orsaka uppenbara sjukdomar. Dessa kommer bara att vara symtom som liknar en verklig sjukdom men kommer bara att drivas bort av böner.

+ Ödmjukhet, mental bön och meditation och att vända sig till våra skyddsänglar är sätt att skydda oss mot diabolisk besatthet.

+ Demoner observerar och studerar oss men kan inte se våra tankar. De bygger sin attack kring våra svagheter och sår.

+ Vissa människor väljer att sluta pakter med djävulen. Medan djävulen är en lögnare ger han ofta fortfarande vad som utlovats, men förstör fullständigt personens liv i processen, på ett strategiskt sätt utformat för att leda dem till fördömelse.

Kapitel Fyra

Vår Herres auktoritet över demoner

Det är uppenbart genom vår heliga katolska tros läror att Gud är den Högste över allting. Han är den ende Skaparen och allt som existerar har Honom att tacka för sin existens. Vidare är ingen varelse kapabel att verka utanför vad Gud har tillåtit den i sin natur. Varelser med fri vilja är kapabla att agera mot sin egen natur, men bara på ett sätt som förstör den, inte på ett sätt som upphöjer den. Endast Gud, genom nådens gåva, kan upphöja en varelse till ett högre tillstånd. Här kommer vi att titta på några av de sätt på vilka Gud blockerar demonerna från att agera utöver vad han har tillåtit dem att göra, samtidigt som han tillåter deras upproriska aktivitet.

I motsats till vad många kan tänka, är demoner, även om de befinner sig i ett tillstånd av uppror mot Gud, inte helt oberoende av honom. Det var en av de saker som Satan önskade: att ha, som den helige Tomas beskrev det, "den sista saligprisningen av sin egen kraft, något som endast tillhör Gud."[1] Detta var inte möjligt för Satan, eftersom han var och kommer alltid att förbli en ren varelse, nödvändigtvis beroende av Gud. Även om de kan göra uppror, kan demonerna inte ha något fullständigt och framgångsrikt myteri, för Gud är av naturen den enda Allsmäktige.

Som ett resultat är Satan och demonerna helt under Vår Herres kontroll. Allt de gör är tillåtet av honom, även om alla dessa upproriska handlingar strider mot hans önskan för dem. Demonernas handlingar faller under Herrens tillåtande vilja. Gud tillåter det som är fördelaktigt för oss andligt och det som kan användas av oss med fördel. Således kan även demonernas aktivitet användas till vår fördel. Som Fr. Ripperger säger, demoner är i kort

---

[1] Summa 1, Q. 63, A 3

koppel; och Kristus har fullständig kontroll över allt i det andliga riket, och demonerna vet detta.[2]

Kom ihåg scenen när Vår Herre skickar in demonerna i grisarna.[3] Inuti mannen fanns "Legion", vilket betyder att det fanns många demoner och när mannen först såg Jesus, ropade demonerna och bad att Jesus inte skulle plåga dem. Sedan bad de att Han inte skulle skicka ner dem till helvetet utan bad om att de skulle få gå in i svinhjorden. Vår Herre tillät det, och de gick genast ifrån mannen, in i svinen och körde dem handlöst över klippan. Detta är ett tydligt exempel på hur demonerna vet att Kristus har det enda ordet i dessa frågor. Även om de gör uppror mot honom på alla möjliga sätt, när han visar sig framför dem, faller de för sina ansikten, gnäller, tigger och lyder.

I St. Thomas kommentar till Matteusevangeliet[4] diskuterar han Vår Herres reaktion på den sista frestelsen som Satan förde mot honom. I den här scenen kan vi se hur Vår Herre själv utstod djävulens frestelser, men bara till en viss grad. Den helige Thomas säger: "Observera att Kristus hade hört många förolämpningar, men inte brydde sig. Men detta, *om du vill falla ner och tillbe mig*, uthärdade han inte, eftersom de andra var förolämpningar mot honom själv, men den här var en förolämpning mot Gud." St Thomas säger att de två första förolämpningarna var mot Kristus i Hans mänskliga natur, men den sista, som sökte hans tillbedjan, kränkte Gud direkt. St Thomas fortsätter och säger. "Därför säger han *Försvinn, Satan!* ... Lägg också märke till att det inte ligger i djävulens makt att fresta så mycket han vill, utan så mycket som Gud tillåter; därför säger han *Försvinn!*" Den helige Tomas citerar sedan, i detta sammanhang, vad Herren säger till Job, angående hans skapelse av havet, och här tillämpar detsamma till demonerna: "Hit men inte längre, och här skall dina stolta vågor stanna."[5]

Även om demoner är i ett kort koppel, hindrar Gud dem inte från att komma in i våra liv, antingen för vår andliga förbättring eller som ett straff. Vår Herre bestämmer vad demonen kan och inte kan göra när personen väl bjuder in demonen, eller om demonen anländer på egen hand. Den heliga Teresa av Avila, som ofta

---

[2] Ripperger #6
[3] Lukasevangeliet 8:26-39
[4] St. Thomas, Commentary, Gospel of Matthew 4
[5] Job 38:11

överfölls av demonerna, blev mycket tröstad, trots de pågående attackerna, när hon insåg hur begränsade demonerna var i deras makt mot henne. Hon anmärkte: "Så ofta har dessa förbannade varelser plågat mig och så lite är jag rädd för dem, nu när jag ser att de inte kan röra sig om inte Herren tillåter dem."[6]

I en exorcism såg Fr. Ripperger en kvinna som bara var besatt i hennes nedre rygg.[7] När han fick fram information från demonen erkände demonen att han inte visste varför han bara hade den delen. Allt som demonen medgav att veta var att Kristus hade begränsat honom till den delen av kroppen när han hade gått in i kvinnan. Också angående diaboliskt tvångssyndrom säger Fr. Ripperger att Vår Herre inte tillåter ett konstant tvångssyndrom. Demonen tillåts endast attackera sinnet under en tid innan han ger personen en uppskov. Tvångssyndromet kommer sedan tillbaka senare, speciellt om personen inte försöker lösa problemet.[8]

Vår Herre utövar också sin auktoritet över demonerna genom att använda vad Fr. Ripperger kallar en "nemesis". När exorcisten får namnet på den demon som är innehavaren av personen som är besatt, kan han åkalla hjälp av demonens nemesis. Nemesis kan vara Vår Herre eller Vår Fru under en specifik titel eller ett av helgonen. Fr. Amorth säger att demonerna ofta refererar till Vår Fru som "själarnas tjuv" och att helgonen kallas "mördare". Demoner kommer inte att uttala namnen på Jesus, Maria och helgonen under en exorcism, såvida de inte är under tvång och tvingade att göra det.[9] Fr. Ripperger säger att varje demon har en nemesis: för Lucifer är det Kristus; för Satan är det Fadern; för Beelzebub är det Marias obefläckade hjärta. Ett annat exempel är St Katarina av Sienna. Hon är nemesis till "noonday devil" (demonen för lättja), som erkände detta under en exorcism på grund av det faktum att hon erövrade honom i sitt jordiska liv.[10] The noonday devil kommer från Psalm 91 och förstås vara demonen för andlig lättja.

Fr. Piero Catalano, en elev till Fr. Amorth, säger att han åberopar hjälp av Padre Pio i exorcismerna han utför. När Padre Pio börjar hjälpa, säger fr. Catalano, att "Den besatta personen blir rädd.

---

[6] *Life of Teresa*, 175
[7] Ripperger #6
[8] Ripperger #2
[9] Amorth, 127
[10] Ripperger #1, #7

Han kommer att säga, 'Den med skägget är här!' Och jag svarar: 'Heter han av en slump Sankt Pio av Pietrelcina?' Demonen kommer att svara: 'Nej, han heter Francesco Forgione.' Djävulen fruktar till och med att säga hans namn."[11] Fader Amorth talade om en liknande framgång och åberopade hjälp av påven Johannes Paulus II. Som han säger: "När jag uttalar hans namn blir demonerna bokstavligt talat rasande."[12]

Fr. Carlos Martins berättade en fascinerande historia om en exorcistvän till honom, med pseudonymen "Fr. George", som under en exorcism fick höra av demonen att hans fiende var St. Thomas Beckett. Fr. George talade sedan med Fr. Martins redan nästa dag och berättade för honom om demonens fiende. Fr. Martins driver "Treasures of the Church", en välkänd organisation som reser världen runt och presenterar ett hundra och femtiotal reliker av många stora helgon för de troende att vörda. Fr. Martins skickade omedelbart en förstklassig relik av St. Thomas Beckett till exorcisten, som använde den i exorcismen. Fr. Martins säger att när exorcisten applicerade reliken, "var effekten som om helvetet bröt lös. Demonen skrek fruktansvärt, som om han torterades. Faktum är att reaktionen var så stor att den tog Fr. George med chock. Under den tortyren avslöjade demonen sedan att han var den demon som hade besatt kungens män som hade mördat St Thomas Beckett."[13]

Det skydd som präster får med hjälp av dessa nemesis, och de andra skydden som Vår Herre ger, är mycket tröstande för exorcister. Två exempel kommer att visa varför. Fr. Catalano avslöjade att demonen i en exorcism försökte fresta honom bort från sin tjänst med ett erbjudande om världsliga rikedomar. När fader avböjde, svarade demonen: "Om jag kunde, skulle jag döda dig omedelbart."[14] Fr. Ripperger hade ett mycket liknande möte när han bekämpade the noondevil som nämndes ovan. Under exorcismen stannade demonen och sa till honom, "Om du inte var skyddad, skulle jag knäcka din nacke."[15] Detta går tillbaka till vad Fr. Fortea sa om demonernas oförmåga att älska: "Förmågan att älska har

---

[11] Fr. Piero Catalano artikel, av Gelsomino Del Guercio för Aleteia.org, från en intervju ursprungligen publicerad i *Corriere Della Sera*, Dec. 2017, av Antonio Crispino.
[12] Amorth, 126
[13] Courageouspriest.com/warning-attempt-exorcism-home
[14] Fr. Piero Catalano artikel
[15] Ripperger #6

förintats i en demons psykologi."[16] Allt som finns kvar, som man kan se i exorcisters arbete, är ett brutalt hat. Naturligtvis, som vi också har sett, kan demonerna inte röra oss om inte Gud tillåter det, och det gör han vanligtvis inte.

Tyvärr, som fr. Thomas säger till oss, tillåter Gud ibland, men mycket sällan, att en präst skadas under en exorcism. När han hjälpte till med att utbilda en ny exorcist kunde den besatta personen, som hölls nere av fem starka män, "skjuta ur greppet på de männen" och attackera prästen som såg på exorcismen. Prästen skadades tyvärr till viss del.[17] Förhoppningsvis var detta ett tecken på att prästen var särskilt gynnad av Gud för denna tjänst och demonen blev rasande som ett resultat.

Efter en lyckad exorcism, när demonen har kastats ut, är det upp till Vår Herre, och inte exorcisten, vart demonen skickas. Fr. Ripperger säger att demoner hatar att erkänna att alla, även demonen själv, är slavar till Kristus och lyder under hans befallning. Icke desto mindre bestämmer Vår Herre vart de går.[18] Utöver exemplet Legion, säger Vår Herre tydligt[19] att demoner, efter att ha blivit utdrivna ur en person, strövar runt jorden, rastlösa och ofta återvänder till den person som de tidigare hade besatt.[20] Vidare, säger han, tar de starkare demoner med sig när de kommer tillbaka.

Fr. Ripperger säger att det är exorcistens uppgift att göra processen att driva ut demonen så smärtsam för dem att de hellre skulle vara i helvetet än att äga någon igen.[21] Han använder ofta termen "stryk" för att beskriva vad demonen upplever i processen. Fr. Fortea använder termen "tortyr" för att hänvisa till vad demonen uthärdar i exorcismen.[22] Fr. Thomas talar också om kraften i ritualen av exorcism för att tillfoga demonerna smärta. Han säger: "Jag har sett att när man ber dessa böner, och man menar dem, gör de otrolig skada och smärta för demonerna."[23]

Även om demonerna försöker sluka oss alla när de finner oss i synd eller framgångsrikt locka oss att falla, blockerar Gud dem från

---

[16] Fortea, 18
[17] Fr. Thomas #2
[18] Ripperger #1
[19] Matthew 12:43ff
[20] Se kapitel 10 angående hur du kan skydda ditt andliga liv mot diabolisk aktivitet.
[21] Ripperger #1
[22] Fortea, 109
[23] Fr. Thomas #2

att fortsätta med besittning, alltså full besathett, även om, som Fr. Ripperger säger att detta är den rätta effekten av dödssynd.[24] Således övervinner Guds barmhärtighet mot människan demonernas naturliga förmågor, i de flesta fall. Fr. Ripperger beskriver hur rationella varelser står i antingen ett av de femfaldiga förhållandena till Guds barmhärtighet: Änglar är inte i behov av Guds barmhärtighet; demoner gör inga anspråk på Guds barmhärtighet och har avskurit sig själva från den; de fördömda i helvetet hade det vid ett tillfälle men förkastade det; helgon i himlen har det helt; och människor på jorden tar åtminstone delvis emot det hela tiden eftersom Gud blockerar syndens fulla effekter och demoniska krafter.[25] Varje gång vi begår en dödssynd förtjänar vi fördömelse, men Gud erbjuder barmhärtighet först. Varje gång vi begår en dödssynd är dörren öppen för de demoner som besätter oss, men Gud blockerar dem i de flesta fall.

I Jesu namn

En sista punkt. Genom historien, i alla kulturer, som Fr. Amorth säger, har det funnits någon form av medvetenhet om diabolisk besatthet. De gamla ritualerna som användes för att skydda människor från illvilliga krafter kan ses som "föregångare till exorcismens bön som ännu inte är upplyst av Kristi sanning." Som vi kan se i evangelierna utövade judarna också exorcismritualer. När Vår Herre började sin offentliga tjänst dock förlitade han sig inte på judarnas ritualer, utan "drev ut demoner enbart baserat på hans Ord."[26] När de återvände till Vår Herre efter att ha blivit utsända, sade apostlarna med glädje: "Herre, till och med demonerna lyder oss när vi uttalar ditt namn!"[27]

I andlig krigföring åkallar vi Jesu namn för att få auktoritet över de demoner som trakasserar oss, och för att stöta bort och skingra dem. Detta är också ett centralt och kraftfullt inslag i exorcismens rit. Kraften i detta Heliga Namn av Jesus vittnas underbart om i den Heliga Skrift: genom åkallan av Jesu Heliga Namn, är synder

---

[24] Ripperger #1
[25] Ripperger #3
[26] Amorth, 97
[27] Luke 10:17

förlåtna,[28] helande utförs,[29] Sanningen förkunnas,[30] demoner drivs ut,[31] splittringar är avvisade,[32] synden fördöms,[33] och Vår Herres makt och auktoritet uppenbaras.[34]

Vi åberopar också namnen på alla de saker som är helgade genom deras djupa relation med Vår Herre. Således åkallas Vår Fru och helgonen, för de besegrade djävulen och djävulen har inte glömt den skam han upplevde när han förlorade dessa strider. Dessutom har dessa helgon, som har förtjänat att sitta i härlighet bland änglarna i himlen, genom sin seger fått en viss auktoritet över ondska och auktoritet i frälsningsverket. Demonerna fruktar dem nu, för de vet och ser att Gud verkar genom dem. Fr. Ripperger säger att demoner vet om någon är i himlen eller i skärselden. Ett helgon sa att Gud då och då drar tillbaka åtskillnaden mellan helvetet och himmelen, vilket låter de fördömda och demonerna se de välsignade njuta av Gud. De kan se njutningen av den välsignade upplevelsen, men de kan inte se Gud själv.[35]

Vi åberopar också de saker som är det primära medlet för Vår Herres seger över det onda. Sålunda åkallas Hans Namn, för det syftar på Hans Person. Det heliga korset åberopas, för det är tecknet på hans seger över det onda. En ytterligare och mest kraftfull åkallan är Jesu dyrbaraste blod. Det dyrbara blodet är viktigt av en central anledning: det är det blod som offrades av samma Jesus vars namn är allsmäktigt; som utgjutits för att lösa oss från fångenskapen till djävulen och helga oss med sitt eget gudomliga liv. Åkallan av Jesu dyrbaraste blod högtidligt förkunnar och förmedlar nederlaget för Satans makt över själar.

Vår Herre är verkligen suverän över den andliga strid som vi befinner oss i. Han överger oss inte när Han tillåter det ondas arbete, för detta tillstånd är endast inriktat på att uppnå ett större gott. Vidare sen tillåter han inte ondskans verk att fungera med en kraft som överstiger vår egen styrka, så länge vi förblir i honom.

---

28 Apostlagärningarna 2:38
29 Apg. 3:6
30 Apg. 4:18
31 Apg. 16:18
32 1 Kor. 1:10
33 1 Kor. 5:4
34 Filipperbrevet 2:9-11
35 Ripperger #1

Att Dräpa Drakar

En hymn till ära av Jesu dyrbaraste blod[36]

Ära vare Jesus!
Som i bittra smärtor
Uthällde för mig livsblodet
från Hans heliga ådror.

Nåd och evigt liv
I det blodet finner jag;
Välsignad vare hans medkänsla,
Oändligt snäll!

Välsignad genom oändliga tider
Var den dyrbara strömmen,
Som ur oändlig plåga
världen förlöser.

Där svimningsandan
Drycker av livet hennes fylla;
Där, som i en fontän,
Laves sig själv efter behag.

O Kristi blod!
Det lugnar Faderns vrede;
Öppna himlens port,
Käller evig eld.

Abels blod för hämnd
Bädd till skyarna;
Men Jesu blod
För vår ursäkt ropar.

Ofta som det spritsas
På våra skyldiga hjärtan avgår
Satan i förvirring
Skräckslagen.

---

[36] Från *Raccolta* #37

Vår Herres auktoritet över demoner

Ofta som jorden jublar
Han lovar högt,
Helvetet av skräck darrar,
himlen är fylld av glädje.

Lyft då era röster;
Sväll den väldiga floden;
Ännu högre och högre,
Prisa det dyrbara blodet.

<u>Kompendium Fyra</u>

+ Vår Herre har fullständig kontroll över demonerna. De får bara göra vad han tillåter dem att göra.

+ I de flesta fall blockerar Gud demonerna från att göra vad de skulle föredra att göra mot oss.

+ Den heliga skriften, de heligas liv och exorcisters arbete visar verkligheten av denna begränsning av diabolisk aktivitet.

+ Änglarna och helgonen arbetar ständigt mot demonernas handlingar. Vissa helgon ställs mot vissa demoner för att specifikt blockera och motsätta sig deras onda ansträngningar.

+ De heligas gemenskaps arbete är viktigt eftersom exorcister också ser hur mycket demonerna hatar oss och dem, ofta från demonernas egna munnar.

+ Exorcismen tillfogar demonen en verklig smärta som, som ett resultat, är effektiv för att driva ut dem ur en persons kropp.

+ Demonerna fruktar allt som pekar på Gud eller som har helgats genom dess förening med honom, särskilt Jesu heliga namn och åkallan av Jesu dyrbaraste blod.

Kapitel Fem

Hur exorcister vet vad de vet

När man lyssnar på en exorcist som håller ett föredrag stannar de flesta upp någon gång upp och funderar över var exorcisten lärde sig vad han säger till oss. Finns det kurser om demonologi och exorcism i seminariet? Finns det manualer där kyrkan har registrerat allt som exorcister har lärt sig och som Vatikanen delar ut till präster över hela världen? Även om det finns några kurser och manualer, är det inte så enkelt att utbilda en exorcist.

Konsten att driva ut demoner är en mindre tydlig och fullständigt uppenbarad dimension av katolsk teologi än det är en ansamling av information som är ett resultat av interaktioner med demonerna av präster som har auktoriteten att befalla dem. Det finns många läror som informerar präster och ger dem en grund av kunskap när de börjar sina möten med demoner. Dessa läror kommer från den heliga skriften, läroämbetet, kyrkans fäder, upplysta helgon och kyrkans läkare, i synnerhet St. Thomas av Aquino. Det finns också många regler som måste följas under loppet av en exorcism, som föreskrivs i kyrkans rit för exorcism. Icke desto mindre är det exorcisters samlade erfarenhet som har försett dem med branschens största konkreta verktyg. Exorcister vet vad de vet eftersom det har överlämnats till dem av den tidigare generationen av exorcister. Många av de problem vi upplever idag är resultatet av ett avbrott i överföringen av denna kunskap på grund av den nuvarande tidsåldern av otro.

Denna otro sträcker sig tyvärr in i kyrkans hierarki själv, som Fr. Thomas påpekar. Kanske som ett resultat av effekterna av övergreppsskandalen i USA vill många biskopar, säger han, inte engagera sig i frågan om diabolisk verksamhet. Det finns också endast ett fåtal biskopar som verkar veta mycket om utövandet av exorcism.[1] En biskop berättade för fr. Amorth, att han inte hade utsett några exorcister eftersom han var rädd för djävulen. Tanken att lämna djävulen ifred kommer att hjälpa till att hålla dig säker är raka motsatsen till sanningen. Som Fr. Amorth säger, "Ju mer du bekämpar djävulen, desto mer håller han sig undan dig!"[2]

Som vi diskuterade kort i kapitel ett, älskar djävulen när vi blir sårade. Det verkar, baserat på vad exorcister har sagt om vissa biskopars feghet, som djävulen drar fördel av den rädsla inom många biskopar som följd av övergreppsskandalen och den efterföljande förlusten av trovärdighet. Det kan dock gå längre än så. Som Fr. Thomas sa också: "Vissa biskopar tror helt enkelt inte - de har sagt det till mig!"[3] Vare sig det är av rädsla eller misstro, om vi inte motsätter oss djävulen, kommer han att vinna mark mot oss. Som Fr. Amorth sa: "Ju mer vi fruktar djävulen, desto mer attackerar han oss."[4]

Som ett resultat av denna situation får de präster som kallas att vara exorcister inte alltid det stöd och uppmuntran de behöver och förtjänar. Detta kan, som allt annat, användas för rening och helgelse av prästen. Fr. Fortea säger att Gud använder detta för att motverka den frestelse av stolthet som kan komma in i exorcistens sinne som ett resultat av den beundran och tacksamheten han får från dem som han har hjälpt till att befria. Fr. Fortea uppger att han inte känner till någon exorcist som har besparats från misstankar och förföljelse, även från andra präster, till följd av det arbete han utför som exorcist. Det mesta av detta kommer från ett avisande av exorcism som praktik, där de istället tror att exorcism hör hemma begravd tillsammans med annan "medeltida vidskepelse."[5]

Seminarierna släpar också efter i den utbildning som präster behöver för befrielse och exorcismtjänst. Eftersom seminarier övervakas av biskopar, och med tanke på kritiken ovan, är det ingen överraskning att seminarier inte lär ut något om exorcism till männen de bildar. Som en följd av detta konstaterar fr. Thomas att nyutnämnda exorcister tvingas söka upp andra exorcister för råd om hur de ska gå vidare med sin utbildning. När de gör det är det ofta i

---

[1] Fr. Thomas #1
[2] Amorth, 115
[3] Fr. Thomas #1
[4] Amorth, 70
[5] Fortea, 102

en anda av osäkerhet, och de känner sig som om de verkligen inte vet vart de ska vända sig eller hur de ska börja.[6]

Det finns fler program som sakta växer fram i olika delar av världen för att hjälpa till att träna exorcister. Men en av de bästa sakerna är att de nya exorcister deltar i en exorcism och ser verkligheten i situationen.[7] Fr. Amorth håller med om att, förutom studier och delad erfarenhet, är faktiskt arbete med exorcism avgörande.[8] Fr. Fortea tillägger, "Den kontinuerliga utövandet av denna tjänst ger exorcisten en mycket specialiserad och djup kunskap om demoner som inte kan läras i någon bok eller skola."[9]

Fr. Ripperger säger att exorcister tenderar att nätverka ganska mycket, och detta börjar med att studera under andra exorcister. Många präster skickas till Rom för att studera där under präster som har erfarenhet av exorcism som går tillbaka flera decennier. Detta innebär vanligtvis inte bara instruktioner från erfarna exorcister utan att delta i och bevittna många exorcismer. Eftersom många präster inte är bekanta med verkligheten av exorcism och demonisk besatthet, tjänar dessa erfarenheter som ett viktigt första steg mot att få den medvetenhet som behövs för deras prästerliga tjänst. Präster som gör nytta av dessa möjligheter ser att det åtgärdar en viss brist i sin seminarieutbildning.

Som en del av nätverket som stödjer exorcister i deras arbete kommer präster att delta i exorcism- och befrielsekonferenser över hela världen, inklusive i USA. Många av dessa konferenser stöds av International Association of Exorcists, officiellt godkänd av kyrkan 2014, men som började 1994 under ledning av Fr. Amorth. Han sa att ett av motiven bakom att organisera denna förening var värdet av att dela både erfarenheter och teologiska uppdateringar om exorcismtjänst.[10]

Dessa konferenser ger präster möjligheter att lära sig mer om "konsten" att driva ut demoner och att höra berättelser från expert exorcister. Vid dessa konferenser kommer exorcister att dela med sig av "aktuella händelser"-nyheter från världen av befrielsetjänst. Ett exempel, relaterat till mig av en präst sent året 2005, efter att påven

---

[6] Fr. Thomas #1
[7] Fr. Thomas #1
[8] Amorth, 108
[9] Fortea, 102
[10] Amorth, 114–5

Benedikt hade blivit vald, gäller själva processen av valet av påven Benedikt. Vid en konferens delade en exorcist sin erfarenhet av att befria en person från besatthet av flera demoner. Vid ett tillfälle under exorcismen började demonerna prata och klaga på varandra, nästan som om exorcisten inte var närvarande i rummet längre. Prästen lyssnade bara. När de beklagade svårigheten de hade att sabotera och störa valet av den nya påven, sa en demon, "HON fortsätter att stå i vägen." Exorcisten förstod att detta var en hänvisning till det skyddande arbete som Vår Fru tillhandahöll för valprocessen.

En intressant anteckning om dessa konferenser gäller den ockulta världens medvetenhet om dessa sammankomster. En präst berättade för mig att dessa konferenser under en tid var mindre strikta när det gällde de som fick delta, men de hade nyligen, från och med kanske 2016, begränsat närvaron till endast de som hade blivit godkända och skickade av deras biskop. Han berättade för mig att detta berodde på att häxor hade smugit sig in på dessa konferenser, utan att dra uppmärksamheten till sig själva, och bokstavligen hade tagit anteckningar om vad som diskuterades. De försökte upptäcka vad exorcisterna hade upptäckt om hur de djävulska fungerade. Med dessa insikter kunde häxorna och andra satanistgrupper anpassa sin taktik därefter. Som vi kan se är den andliga striden ett verkligt krig, och det utspelar sig inte bara i de osynliga världarna.

I maj 2019 var det påvliga Athenaeum Regina Apostolorum värd för en exorcismutbildning där deltagare för första gången fick delta som inte bara kom från kyrkan utan också bland lutheraner, grekisk-ortodoxa, anglikaner och pingstmänniskor. Fader Pedro Barrajón, den spanske exorcisten som var ansvarig för evenemanget, förstod tydligt farorna som nämns ovan. Han sa om evenemanget, "Vi öppnar det inte för alla, uppenbarligen. Det skulle öppna oss för att bli infiltrerade av djävulsdyrkare, inte de som försöker slåss mot honom. Det är inget vi tycker ska tas lätt på."[11] Anknutet till detta påpekar Fr. Thomas att exorcister också lär sig om hur de diaboliska fungerar av människor som själva har kommit till dem efter att ha lämnat sataniska kulter.[12]

---

[11] Foxnews.com/world/satanic-vatican-catholics-exorcism-summit
[12] Fr. Thomas #1

Exorcismen som klassrum

Förutom att nätverka med andra exorcister, lär sig präster mer om hur demonerna verkar utifrån sina egna erfarenheter under exoreismer. Som kommer att diskuteras mer i nästa kapitel, när präster driver ut demoner från besatta människor, manifesterar demonerna sig ofta på sätt som går utöver vad som är normalt och naturligt. Dessa extraordinära manifestationer av demonen är glimtar bakom slöjan och avslöjar vad de faktiskt kämpar mot i den andliga sfären. Demonerna är fångade mellan två önskningar: att förbli gömda och att ta alla ting i besittning på jorden.[13] Som ett resultat gör de bort sig, och avslöjar sig själva. Som exorcister har sagt, demoner har ingen dygd och är impulsiva; även om de föredrog att förbli dolda, kan de inte motstå att attackera oss. Motiverade av laster är de instabila, trots deras annars intensiva engagemang för att uppnå seger genom sin list.

När exorcister håller föredrag om sina upplevelser kan vi glömma, eller vara omedvetna om, vad de faktiskt gick igenom för att lära oss alla dessa detaljer. I sina samtal har fr. Ripperger, till exempel, gjort det klart att det inte är så enkelt som det låter att extrahera den här typen av information från demonerna. Han använder termen "stryk" för att hänvisa till den typ av auktoritativ befallning som krävs för att underkasta demonen hans krav och avslöja vad han vet. Han kan bara få informationen bit för bit, fördelad på långa perioder av upprepade kommandon.[14] Informationen som demonen besitter relaterar till hur han kom in i personen, vad som krävs för att få ut honom, vad demonen heter och vad hans synd var, bland annat som kan vara till hjälp. Informationen som erhålls i en exorcism kan också visa sig vara användbar utöver det specifika fallet.

Den helige Alphonsus Liguori berättade historien om en exorcism när djävulen avslöjade vilken predikan, framför alla andra, han föraktar mest. Han sa: "Eftersom djävulen tvingades av exorcism, så bekände han då att av alla predikningar som misshagade honom mest var den predikan om att undvika syndatillfällen: och

---

[13] Fr. Ripperger säger i ett av hans föredrag att demoner är territoriella. Påve Leo XIII, i *Humanum Genus*, talar om Satans rike och dess innehavande och kontrol över alla som vägrar lyda Gud och som följer våra första föräldrars exempel i att ta i akt ormens lögn.
[14] Ripperger #6

med rätta; för djävulen skrattar åt besluten och löften från ångerfulla syndare som väljer att ändå va kvar i syndens närhet."[15]

En demons personlighet

Exorcister har lärt sig saker om Satans personlighet och hur den påverkades av hans fall. Fr. Ripperger berättar att Satan har avslöjat för exorcister att "anledningen till att han är den mest avskyvärda och hänsynslösa och ondskefulla är för att han är mest sårad av sin synd."[16] Varje demon föll från himlen på grund av en specifik synd och denna synd påverkar hur de verkar på jorden. Som Fr. Fortea säger: "Varje demon syndade på ett visst sätt och med en bestämd intensitet."[17] Satan, till exempel, föll för att han inte ville vara underordnad någon.[18] Varje demons unika synd visas under exorcismen. Demonen kommer att manifestera "synder av ilska, självdyrkan och desperation, bland annat. Varje demon har sin egen psykologi och sitt eget sätt att vara."[19]

De fördömdas själar

Exorcister har också funderat på om en förbannad själ från helvetet är kapabel att äga en person. Även om detta förefaller strida mot sund teologisk uppfattning, har övervägandet uppstått som ett resultat av märkliga fenomen som exorcister har observerat.

Under loppet av en exorcism kommer "innehavaren", huvuddemonen i personen, att avslöja sin primära synd för prästen. Ibland är den nämnda synden inte en andlig synd utan en, som mord eller lust, som måste begås genom en kropp. Demonernas synder är alltid rent andliga.[20] Msgr. Glenn säger: "Hos de onda änglarna själva kunde det inte finnas någon tendens till köttsliga synder, utan bara till sådana synder som kan begås av en rent andlig varelse, och dessa synder är endast två: stolthet och avund."[21] Bekännelsen av en köttslig synd av en "demon" är ett förvirrande erkännande om

---

[15] *Preparation for Death*, 319
[16] Ripperger #6
[17] Fortea, 9
[18] Amorth, 18. Cf. också St. Thomas på sida 32.
[19] Fortea, 9
[20] Ripperger #6
[21] Glenn, 54

mänskliga själar inte är kapabla att äga en person. Även om demoner uppenbarligen kommer att ljuga, talar de sanningen när de uppmanas att, med lämplig auktoritet, under exorcismens ritual.

Fr. Fortea är en exorcist som har tron att de fördömdas själar kan äga människor på samma sätt som demoner. I exorcismer har han sett den ägande enheten stå fast i sitt anspråk på att vara en mänsklig själ, även under upprepade befallningar, i Jesu namn, att säga sanningen. Detta har också hänt vid sidan av lydnad mot kommandon att kyssa ett kors, vilket har bidragit till sanningshalten i enhetens påstående.[22]

Exorcister och teologer är delade i denna fråga, särskilt eftersom demoner är lögnare, vilket Fr. Fortea medger är en källa till debatt. I ljuset av sina erfarenheter studerar exorcister St. Thomas läror och instruktionerna från den romerska ritualen, i synnerhet den exakta betydelsen av latin, för att försiktigt kunna navigera i detta komplicerade element av exorcismtjänst.

Att blockera demoner

Under en exorcismsession, när Fr. Ripperger försökte kasta bort en demon från en persons egendom, som hade blivit infesterat, fick han demonen att avslöja att de bara har tillstånd att bråka med egendomen, men de har inga rättigheter över den.[23] Demonen avslöjade att personen tydligt måste ange sin auktoritet över egendomen för att hjälpa till att bryta demonens grepp. Vidare sa demonen till fader att vigningen av egendomen till Vår Fru helt blockerar demonerna från att agera på den. Som ett resultat skrevs en bön, baserad på den berömda bönen från St. Louis de Montfort för dem som gjorde en total invigning av sig själva till den heliga jungfru Maria. Fader säger att han har sett mycket god frukt från människor som använder denna bön.[24]

Exorcister vet också att reliker och sakramentalier kommer att orsaka smärta för en demon. Fr. Amorth säger att vår hängivenhet till helgonen, och användningen av deras reliker, bjuder in deras närvaro i våra liv och hjälper till att störa diabolisk verksamhet.[25] Fr.

---

[22] Fortea, 89. Norm 14 av exorcistriten är en nyckeltext.
[23] Ripperger #7
[24] Se appendix for bönen som heter Konsekration av ens yttre ägodelar till Jungfru Maria.
[25] Amorth, 126

Ripperger säger att användningen av reliker ökar smärtan som exorcismen ger. När denna smärta når tröskeln för vad demonen kan uthärda, avslöjar han vad han vet och vad som är nyckeln till personens befrielse. Exorcister kommer att placera dessa reliker direkt på områden av den besattas kropp, när de väl inser att demonen finns där.[26] Sakramentalier, som heligt vatten och välsignat salt och krucifix, som bär kraftfulla välsignelser med sig, orsakar också smärta för demonerna och är väsentliga i exorcismen.[27] Fr. Fortea säger att när de inser vad som stör demonen mest, kommer exorcisten att fokusera på det.[28] Han tillägger att vissa tecken kan plåga demoner helt enkelt genom vad de symboliserar. Klart ovälsignat vatten symboliserar renhet och ett ovälsignat krucifix påminner fortfarande demonerna om Kristi seger på korset.[29]

Vår Fru, demonernas skräck

Exorcister har lärt sig genom erfarenhet, som nämnts ovan, att Vår Fru är det mäktigaste instrumentet mot de diaboliska. När Vår Fru dyker upp under en exorcism är innehavet och besattheten över. Hon har, som fr. Ripperger uttrycker det, "perfekt tvångskraft" över demoner.[30] Hon har inget behov av att diskutera saken med demonen, eller begära att de lämnar; om Vår Fru kommer för att skicka iväg dem, springer de utan att tveka. Beskrivningen som fr. Ripperger ger är ganska uppseendeväckande. Han säger, "Du kan se att något pågår [inuti de besatta]. Vår Fru kommer att dyka upp, de kommer bokstavligen att se avgrunden öppna sig, de kommer att känna att demonen slits ut, de kommer att se den gå ner i avgrunden, den stänger och hon går. Hon behöver bokstavligen inte säga någonting. Så mäktig hon är." Fader åkallade en gång Vår Fru under en besatthet och demonen började få panik och sa: "Åh nej, åh nej! Inte hon!"[31]

De stora helgonen i kyrkans historia har prisat just dessa egenskaper hos Vår Fru som exorcister ser i deras arbete. Den helige

---

[26] Ripperger #1, #6
[27] Se sida 139, och följande, för mer information om dessa sakramentalier.
[28] Fortea, 88
[29] Fortea, 67
[30] Ripperger #7
[31] Ripperger #7

Bonaventura sa: "Oj, hur helvetesandarna darrar av själva tanken på Maria och på hennes höga namn!"[32] I en kommentar till ett stycke från Job, säger samma helgon: "Precis därför kommer djävlarna in i en själ i mörkrets tid [okunnighet]. Om de plötsligt övervinns av gryningen, det vill säga om Marias nåd och barmhärtighet kommer in i själen, skingrar dess ljushet omedelbart mörkret och sätter de helvetes fiender på flykt, som om de flydde från döden."[33] St. Alfonsos Liguori säger att det bara krävs en blick från Maria för att skrämma demonerna, som sprider och flyr så snabbt från henne, "som föredrar att få sina smärtor fördubblade snarare än att se sig själva underkastade Marias makt."[34]

När djävulen tillfrågades av en exorcist varför han fruktade den heliga jungfru Maria mer än Gud själv, säger fr. Amorth att djävulen svarade: "Jag känner mig mer förödmjukad av att bli erövrad av en enkel varelse än av Gud själv."[35] Enligt St Louis de Montfort är det Marias ödmjukhet som förödmjukar djävulen mer än Guds kraft, Det är därför som djävulen fruktar henne "i en viss mening mer än Gud själv."[36] Han beskriver Maria som "förskräcklig som en armé i strid gentemot djävulen och hans anhängare."[37] I ett område nära där den helige Dominikus var och predikade, fanns det en kättare som var besatt av en mängd onda andar. På befallning av Vår Fru tvingades demonerna inom honom "bekänna många stora och tröstande sanningar om hängivenhet för henne."[38] Under en exorcism tvingades demonerna att erkänna att den makt som Gud har gett Vår Fru är så stort att de fruktar "ett av hennes hot mer än alla deras andra plågor".[39]

Att urskilja orsaken: medicinsk och psykologisk vs. andlig

Det rekommenderas att exorcister har en god förståelse för psykologi så att de bättre kan skilja mellan psykologiska problem och verkligt diaboliskt inflytande. Det är också användbart eftersom

---

[32] *Glories of Mary*, 120
[33] *Glories of Mary*, 121
[34] Ibid.
[35] Amorth, 123
[36] *True Devotion*, 52
[37] *True Devotion*, 50
[38] *True Devotion*, 42
[39] *True Devotion*, 52

det är, som i fall av diaboliskt tvångssyndrom, personens sinne som mest attackeras av demonens handlingar. Inom den diaboliska aktivitetens område kan det ofta finnas en likhet mellan de två, där den sjukas speciella beteenden eller tankemönster kan likna båda orsakerna. Utbildningen och erfarenheten av exorcister inom psykologins område hjälper i hög grad vår förståelse av vad som är den mest sannolika orsaken till en störning genom att överväga en mängd faktorer.

Fr. Ripperger säger att varje form av psykisk och fysisk sjukdom kan orsakas eller efterliknas av demoner, men alla dessa är inte diaboliska; vissa är helt naturliga.[40] Vissa fall är tydligare än andra, till exempel när rösterna en person kan höra säger saker som absolut inte har någon betydelse för någon andlig eller moralisk fråga.[41] Ångest och panikattacker kan vara resultatet av en naturlig orsak eller en diabolisk orsak. Det sätt som personen svarar på prästens bön är till stor hjälp för att urskilja denna orsak. Om en naturlig orsak är inblandad ska bönen inte ha effekt, men viss lättnad bör komma om orsaken är diabolisk. De flesta fall av psykologiska problem orsakas inte av de diaboliska.[42] Även om psykiska sjukdomar i de flesta fall har en naturlig orsak, på grund av hur demoner fungerar, kan diabolisk aktivitet göra en person i obalans genom att störa sinnet och så småningom leda till uppkomsten av en psykisk sjukdom.[43]

Exorcister har också sett att psykiska sjukdomar kommer att finnas vid sidan av diabolisk besatthet, även om de är distinkta verkligheter. Bara för att någon har bevisats ha en psykisk sjukdom betyder det inte att de kanske inte också är besatta.[44] Enligt Fr. Amorth, trodde Padre Pio att många människor som stannade kvar på psykiatriska sjukhus under större delen av sina liv faktiskt var besatta och kunde ha blivit botade av en exorcism. Den spanska Karmelitprästen salige Francis Palau exorciserade alla patienter där han arbetade, vilket resulterade i att många blev botade.[45] Fr. Paolo Carlin berättade historien om en flicka som behandlades i trettio år

---

[40] Ripperger #1
[41] Ripperger #6
[42] Ripperger #6
[43] Fortea, 31
[44] Fortea, 98
[45] Amorth, 86

som psykiatrisk patient men som sedan befriades från en demon efter tio månaders veckobön med exorcisten.[46] Efter att ha bearbetat omkring etthundratjugofem fall under sex år säger Fr. Thomas att nittio procent av dessa människor led av psykiska problem. Det var fortfarande fördelaktigt att ha sett dem, säger han, av två skäl: tills de pratar med en exorcist förblir frågan ett mysterium, och det är alltid möjligt att det finns både en mental och diabolisk fråga på samma gång.[47]

Exorcister letar efter vissa tecken, och har lagt märke till vissa vanliga element, som avslöjar närvaron av det diaboliska. Till exempel är det bra att prata med demonen på latin eftersom personen inte vet det specifika ögonblicket när demonen själv tilltalas. Detta kommer att hjälpa till att verifiera eller avgöra om det är ett sant fall av besatthet.[48]Närvaron av någon form av extraordinära fenomen kommer att hjälpa till att skilja mellan en psykisk sjukdom som schizofreni och besatthet.[49]

Ett tecken som tydligen är en vanlig upplevelse som exorcister har är en djävulsk blick som visar sig i den besattas ögon. Detta ger liv till det vanliga ordspråket, "ögonen är själens fönster." Detta tecken, enligt Fr. Fortea, kunde dyka upp när prästen ber i början av exorcismen. Medan vissa människor kommer att blunda och gå in i trans, är det andra svaret på prästens böner att demonen ska titta på prästen genom de besattas ögon med, som fader säger, "en ond blick."[50] Fr. Thomas har också haft denna erfarenhet. Han säger, "I den [besatta] personens ögon finns det något som liknar röda kontaktlinser ... som är superpåtvingade på personen." Efter att ha arbetat i ett bårhus säger fader att han har sett att det helt klart saknas något när han tittar in i ögonen på ett lik. Han tillägger: "Något, själen, är borta. När du ser in i ögonen på en person som har ett demoniskt problem kan du ofta se demonen i ögonen."[51]

Fr. Ripperger hade en liknande upplevelse när han interagerade med en medlem av en paranormal forskargrupp. Han kunde säga att mannen var besatt på grund av en viss blick som mannen hade, som,

---

[46]Catholicdigest.com/news/conversation/an-exorcist-gives-tools-for-spiritual-warfare/
[47] Fr. Thomas #2
[48] Fortea, 81
[49] Fortea, 86
[50] Fortea, 82
[51] Fr. Thomas #2

fader påpekar, exorcister kan upptäcka.[52] Han berättar också historien om en kvinna som hänvisades till en exorcist av en läkare som trodde att personen kunde vara besatt. . Läkaren sa att kvinnan hörde röster och att det var andar som pratade med henne. När läkaren frågade henne mer om det sa hon att en av demonerna tittade på honom genom hennes högra öga. Läkaren tittade sedan på det ögat och det blev omedelbart knallrött och sedan tillbaka till den normala färgen.[53]

Demoner kan också orsaka sjukdomar som kan tyckas vara verkliga fysiska sjukdomar. Ett extraordinärt exempel på hur demoner kan göra detta gäller mannen med stadium fyra bukspottkörtelcancer som Fr. Ripperger besökte, och som vi nämnde tidigare i avsnittet om diaboliskt förtryck.[54] Han bad de mindre exorcismbönerna över mannen och åkallade också Vår Fru. En vecka senare var den borta och han förklarades fri från cancer i bukspottkörteln. Man trodde att fr. Ripperger hade en gåva att läka, men han förklarade att detta inte var en extraordinär gåva som han hade, utan en indikator på att orsaken till sjukdomen var diabolisk. När demonen fördrevs försvann sjukdomen också.[55] Fr. Amorth hade en liknande sak som inträffade när han befriade en kvinna som var besatt till följd av en besvärjelse. När demonen försvann blev kvinnan också botad från en tumör.[56] När någon tror att de lider av en andlig ondska, och mår dåligt i samband med det, bör den första tanken vara att det finns en naturlig orsak. Det är bara sällan som en sjukdom orsakas av det diaboliska.[57]

---

[52] Ripperger #1
[53] Ripperger #6
[54] Se sida 39.
[55] Ripperger #6
[56] Amorth, 71
[57] Amorth, 84

+ Exorcister är beroende av ett nätverk av stöd för sina ministerier. Seminarier förbereder inte präster tillräckligt för denna tjänst och nyutnämnda exorcister kämpar ofta för att skaffa det de behöver för att bli välformade.

+ Många människor i kyrkan idag är rädda, okunniga eller icke troende när det gäller Satans existens och nödvändigheten av exorcismer.

+ Det bästa sättet att träna en exorcist är att han bevittnar verkligheten med sina egna ögon.

+ Exorcister lär sig mycket om sin tjänst och demoners arbete genom att delta i konferenser med andra exorcister och genom att höra historier från vad som faktiskt händer inuti exorcismerna.

+ De ockulta och sataniska grupperna i världen är medvetna om nätverket av exorcister och försöker infiltrera det för att lära sig vad exorcister vet.

+ Exorcister har lärt sig hur demoner tänker och hur de motiveras av olika synder samt den psykologi som de var och en har som individuella andar.

+ Exorcister studerar om de fördömdas själar är kapabla att äga människor, som ett resultat av vissa fenomen som observerats vid exorcism.

+ Vissa sakramentaler kommer att frustrera och blockera demonernas verk.

+ Vår Fru är en anmärkningsvärd mäktig kraft mot demonerna.

+ Medicinska och diaboliska frågor överlappar ofta varandra, och det är viktigt för exorcister att ha en viss bakgrund eller förtrogenhet med psykologi för att bättre kunna navigera i oklarheterna i vissa av symptomen.

+ Demoner är kapabla att orsaka psykiska och fysiska sjukdomar, som särskiljs från autentiskt naturliga orsaker genom exorcistens böner.

+ Exorcister letar efter vissa tecken och fenomen som tyder på att en psykisk eller fysisk sjukdom faktiskt har ett diaboliskt ursprung.

Kapitel Sex

Inuti exorcismen

Varje person som kommer för att träffa en exorcist genomgår en intensiv undersökningsprocess för att avgöra vilka medicinska, psykologiska och andliga problem de har, om några. Om det finns en demonisk närvaro inblandad är det oftast något som inte stämmer överens med de andra inhämtade detaljerna och som inte stämmer överens med rent psykologiska problem. Det är först efter denna process som en exorcism börjar. Fr. Amorth säger att han inte accepterar någon som inte först fått en psykiatrisk utvärdering.[1] Efter denna utvärdering finns det oftast tydliga indikatorer som pekar prästen mot möjligheten till diabolisk påverkan. Fr. Amorth såg en pojke som behandlades av en psykiater och vars besittning hindrade honom från att sova. Vid ett tillfälle fick pojken "tillräckligt med sömnmedicin för att lugna en elefant" men kunde fortfarande inte sova. Detta var en indikator på att det var dags att vända sig till en präst.[2]

Av etthundrafemtio fall på ett år var endast omkring tre personer faktiskt besatta, från Fr. Rippergers erfarenhet.[3] Fr. Grob sa att ungefär åttiofem procent av människorna som kommer till honom inte behöver en exorcism, även om de kan ha nytta av en präst.[4] För Fr. Thomas, bara tio procent av de människor som han såg hade problem med det diaboliska.[5] Förekomsten av diaboliskt tvångssyndrom är mycket högre än besatthet. Fr. Ripperger uppskattar att cirka tjugofem procent av människorna i USA är under diaboliskt tvångssyndrom.[6]

---

[1] Amorth, 84

[2] Amorth, 85

[3] Ripperger #2

[4] Fr. Grob video

[5] Fr. Thomas #2

[6] Ripperger #1, #6

Att be över personen kommer att avslöja om det är något demoniskt inblandat. Fr. Amorth har sett att vissa andar, såsom "ilskans ande, hämnd, orenhet eller självmord", kommer att orsaka speciella reaktioner hos de besatta. Dessa reaktioner kan dyka upp lika lätt som under den första intervjun av exorcisten med den besatta, eller under en enkel befrielsebön.[7] Även om det är sällsynt, kommer de besatta ibland att reagera med skrik eller våldsamma förvrängningar så snart de ser exorcisterna, eller i det ögonblick som exorcisten lägger sin hand på den besatta. Demonens preferens är att förbli dold, men "oavsett hur hårt han anstränger sig för att dölja sina reaktioner, så måste han i slutändan ge efter."[8]

Fr. Fortea varnar för samma möjlighet till en våldsam reaktion, vilket är en häpnadsväckande indikator på en sann besittning. Han säger att även om det rekommenderas att prästen ber med slutna ögon i början av exorcismen, för att förbli fokuserad på bönen, måste någon, om inte prästen, hålla ett öga på den besatta så att de inte kastar sig mot honom.[9]

Tiden det tar för ett sant fall av demonisk besatthet att lösas kan variera. Fr. Ripperger säger att vissa fall av besittning kommer att pågå till slutet av personens jordeliv, men de flesta kan lösas på två till tre månader. Han säger att ett mer intensivt tillvägagångssätt är till hjälp, vilket långsamt bryter demonens försvar och försvagar det. Detta skulle inkludera möte på en daglig basis, i cirka tre till sex timmar om dagen. Detta intensiva tillvägagångssätt kan åstadkomma en befrielse inom en vecka.[10] Fr. Amorth säger att han vanligtvis träffar en person en gång i månaden, och oftare om det behövs.[11]

Fr. Fortea säger att det finns två anledningar till att en exorcism kan ta längre tid än väntat. Först instruerar prästen vanligtvis de besatta om att anta de rätta andliga handlingarna och vanorna, som behövs för att utrota de saker i deras själ som demonen kan haka fast vid. Om den besatta är olydig mot dessa instruktioner kommer demonen inte att vara lika lätt att ta bort. För det andra kan exorcistens oerfarenhet också sakta ner befrielseprocessen. Om så är

---

[7] Amorth, *More Stories,* 115
[8] Amorth, *More Stories,* 109
[9] Fortea, 82
[10] Ripperger #1
[11] Amorth, 101

fallet, borde denna exorcist ta in en annan exorcist med mer erfarenhet, särskilt med den typ av demon som är involverad.[12]

Exorcister får hjälp av troende lekmän för att hjälpa dem i exorcismen. Fr. Ripperger säger att han börjar sina exorcismer med att be över dessa människor som hjälper honom.[13] Denna hjälp kan inkludera att hålla nere den besatta, skydda prästen från våldsamma utbrott från den besatta, skydda den besatta från att skada sig själv under manifestationen, be för exorcisten och den besatta, och informera exorcisten om all information som den Helige Ande kan ge till dem som är relevant för befrielsen av de besatta.

Fr. Amorth säger att det är avgörande att dessa kvalificerade individer har ett starkt andligt liv och förmågan att hantera allt som kan hända i exorcismen. De får inte heller vara "lättpåverkande" så att de inte faller för djävulens knep.[14] Fr. Ripperger säger att han bara använder människor som är över 55, hängivna, stabila och inte har några barn hemma.[15] När han samlade ihop sitt team, som en ny exorcist, sa Fr. Randall Weber att han letade efter samma egenskaper som man letar efter hos en exorcist: fromhet, djup tro, som ofta går till bikt, etc.[16]

De som arbetar i exorcismtjänst är överens om att Vår Herre skyddar prästen och de som hjälper till vid exorcism från demonen, om inte den personen själv begår dödssynder. Två berättelser kommer att hjälpa till att illustrera detta skydd.

En prästvän till mig berättade en fascinerande och något skrämmande historia. Även här är det viktigt att påpeka att vi inte behöver frukta demonerna. I Kristus är vi starkare än de. Naturligtvis, på egen hand, i våra synder och utan hans nåd är vi svagare än de är och är ett lätt byte för dem. Den här berättelsen handlar om en person som konfronterade en demon i ett tillstånd av dödssynd. Vid en viss exorcism hjälpte en lekman till genom att hålla nere den besatta. Han stod nära mannens axel och höll ner hans arm för att hindra honom från att flaxa omkring under exorcismen. Vid ett tillfälle märkte prästen och andra närvarande att den besatta och lekmannen som höll ner armen båda hade blivit konstigt tysta. Sedan

---

[12] Fortea, 109
[13] Ripperger #1
[14] Amorth, 110
[15] Ripperger #1
[16] Weber video

hörde de en svag pipande röst komma från lekmannens nästan orörliga läppar. och sa: "Hjälp ... mig ..." Prästen och andra märkte att den besatta mannen hade låst ögonen på lekmannens ögon och lekmannen var helt frusen. Med stor möda, och efter att ha täckt ögonen på den besatta och lekmannens ögon, drog folket vid exorcismen bort lekmannen från den besatta. Efteråt blev det klart att demonen också försökte besätta lekmannen. Detta var mer förståeligt när lekmannen erkände att han hade en obekänd dödssynd. Detta hade gjort honom till ett lätt mål för demonen.

En berättelse berättad av Adam Blai skildrar motsatsen till ovanstående situation. Han hjälpte till vid en exorcism, på ett liknande sätt som lekmannen i ovanstående berättelse. Han hjälpte till att hålla nere den besatta medan prästen arbetade mot demonen. När han använde sin fysiska styrka för att hålla den besatta mannen stilla, reflekterade han över arten av den strid han befann sig i, och insåg att han tog fel inställning. Han visste att det var Kristi kraft, som också bodde i honom, som var källan till segern över den demoniska, och inte hans egen styrka. Han minskade sedan långsamt mängden tryck han använde för att hålla nere mannen och gick från två kraftfulla händer till bara en. Till slut höll han bara ner mannen med fingertopparna. Till slut, genom att åkalla Gud och de heliga änglarna, bad han helt enkelt och den besatte mannen blev still.[17] Detta illustrerar uttalandet av Fr. Amorth, "Tro betyder mycket i exorcistens arbete."[18] Det påminner också om Vår Herres uttalande. "Denna sort kan inte drivas ut av annat än bön och fasta."[19]

Tecken på besatthet

När exorcismen fortskrider är exorcistens uppgift att ta reda på flera saker: hur demonen kom in, vilka de är, hur många det finns, när är tidpunkten för personens befrielse och vad som kommer att vara orsaken till befrielsen . Hela vägen genom processen kommer personen att lida av hemskt diaboliskt tvångssyndrom och diaboliskt förtryck.[20]

---

[17] Blai, 100
[18] Amorth, 107
[19] Markusevangeliet 9:29
[20] Ripperger #6

Prästen kommer att leta efter tecken som indikerar att personen verkligen är besatt av en demon. En av de första indikatorerna, som alla exorcister verkar uppleva, är att, så snart prästen påbörjar riten, kommer den besatta personen att gå in i trans och förlora medvetandet.[21] Några av de andra tecknen kommer att visa sig i livet för person, och andra kommer att manifestera sig under själva exorcismen. För att en demon ska manifestera sig betyder det helt enkelt att demonen, som vanligtvis förblir dold, blir huvudaktören i personens kropp, och talar och beter sig på ett uppenbart djävulskt sätt och bortom normala mänskliga förmågor. Det finns fyra huvudsakliga tecken på att en person är besatt.[22]

Avsmak och motvilja mot det heliga.

Diabolisk motvilja mot det heliga anses allmänt vara en aspekt av sann besittning, men inte bortom tvivel. Detta kan också bero på en negativ upplevelse eller från psykologiska problem eller psykologiska motvilja, och inte nödvändigtvis på grund av det diaboliska.[23] Ibland är motvilja mot det heliga den första indikatorn, för den besatta, på att det finns en fråga om besittning. Det kan dyka upp när de kommer i kontakt, även bara visuellt, med något heligt.[24] Reaktionen kan variera från lätt irritation till full ilska vid synen eller närvaron av det heliga.[25] Att besöka heliga helgedomar har i vissa fall varit orsaken till manifestationen av en demon som hade förblivit dold fram till det ögonblicket.[26]

Vilket heligt sakrament eller sakrament en demon är speciellt känslig för kommer att variera från demon till demon. Detta är också relaterat till naturen av deras fall och synden som begicks i deras förkastande av Gud. Vissa demoner kan tolerera vissa heliga saker men inte andra.[27] I dokumentären om den sanna historien bakom

---

[21] Till exempel, Amorth, 66

[22] Trots att det finns likheter är dessa tecken annorlunda än de andliga gåvor som har getts till någon som Helige Bernadette som hade kunskap om Marias obefläckade avlelse fast hon inte förstod vad det innebar; apostlarna, som talade i tungor genom den Heliga Andens nåd; och Sankt Josef av Cupertino, som leviterade ofta.

[23] Ripperger #6

[24] Amorth, 82

[25] Fortea, 72

[26] Amorth, 69

[27] Ripperger #6

filmen *Exorcisten* kunde den besatta pojken döpas och ta emot nattvarden, men demonen fanns kvar. Bikten driver till exempel ut ondska från själen, medan exorcismen bara driver ut ondska av kroppen. När den besatta går till bikten, som exorcister säger så är det mycket kraftfullare än själva exorcismen, och de gör stor skada på greppet som demonen har på de besatta, men orsakar inte alltid befrielsen.

I denna kategori finns också möjligheten att upptäcka det heliga, även om det heliga föremålet är dolt. Demonen kommer till exempel att kunna identifiera reliker i rummen och välsignade medaljer som bärs av exorcisten.[28]

Ockult kunskap.

En del av de besatta har kunskap om saker som de inte borde veta något alls om. Denna typ av kunskap kan inkludera händelser i andras liv, vad som händer i ett grannhus, vad prästen gjorde mellan exorcismens sessioner, vissa vetenskapliga sanningar och teologiska begrepp, där de två sistnämnda ligger utanför personens kompetens. Fr. Ripperger arbetade med en kvinna som hade fäst sig vid demonen inom henne eftersom demonen gav henne hemlig kunskap om hennes man.[29] I en annan berättelse kunde en kvinna, som hade mindre än en gymnasieutbildning, formulera, tydligt och riktigt, ett teologiskt koncept som bara de mest studerade teologerna förstod.[30] Fr. Cesare Truqui berättade historien om en kvinna som, efter att ha fått en välsignelse av prästen, hade en vision där hon kunde se ett specifikt föremål i ett annat land i sitt familjehem i detalj som annars hade varit helt okänt för henne.[31]

Att tala på ett okänt språk.

Detta tecken på besittning är kunskap om språk som är helt främmande för den besatta personen och som de inte kunde ha någon praktisk kunskap om. Liksom änglarna har demoner ingjutit kunskap om alla språk. Demoner är kapabla att tala alla språk med lätthet och

---

[28] Blai, 71
[29] Ripperger #6
[30] Ripperger #2
[31] Fr. Truqui video

behärskning. I sin manifestation lämnar detta tecken inget utrymme för det vanliga tvivel om att de besatta hörde det främmande språket vid ett tillfälle och bara reciterar det lilla de kan.

I en exorcism kan personen kanske förstå främmande språk och "lyda order som ges på latin, grekiska, hebreiska och andra språk, även när de används samtidigt."[32] Adam Blai berättar om en besatt person med endast en gymnasieutbildning där demonen "svarade korrekt på frågor på engelska, franska, latinska, litauiska och tyska."[33] Fr. Ripperger berättar att i en exorcism så talade demonen enbart på latin och var så noga med korrekt grammatik att han inte svarade prästen om prästens grammatik var felaktig.[34] Adam Blai har också sett detta beteende från en demon. Demonerna hånar också översättares oförmåga att fånga subtila nyanser av ett språk när de gör översättningen.[35]

Detta tecken är ett utmärkt exempel på hur demoner är benägna att vända på allt heligt. Pingstdagen var det första stora miraklet och manifestationen av kyrkan vid dess födelse efter Vår Herres uppstigning till himlen. I det ögonblicket kunde Sankt Petrus tala på ett språk som var begripligt för människor från över ett dussin olika länder. Det är vettigt att demonerna skulle håna denna gudomliga gåva. Vidare, som Adam Blai har sett, verkar demoner ha sin egen version av "tungor", vilket, som han säger, är "mycket störande att höra och svårt att beskriva; det är ett slags väsande, svidande språk."[36]

Styrkor bortom ens naturliga kapacitet.

Demoner kan ibland manifestera sig genom personen genom att uppvisa övermänsklig styrka. Fr. Ripperger berättar historien om en tioårig pojke som var besatt och som under exorcismen, när demonen manifesterade sig, kunde lyfta upp prästen och en annan man från marken.[37] Styrkan som kan åtfölja manifestationen av en demon kan till och med innefatta att lyfta flera personer från marken

---

[32] Fortea, 87
[33] Blai, 69
[34] Ripperger #2
[35] Blai, 70
[36] Blai, 70
[37] Ripperger #2

samtidigt.[38] Fr. Amorth fick höra om en exorcism där den besatta var en ung flicka, fastbunden med läderremmar, men som fortfarande krävde fyra starka män för att hålla ner henne, och med svårighet. Han bevittnade ett fall av en ung flicka som nästan kunde motstå ansträngningarna från sju starka assistenter som försökte hålla henne stilla under exorcismen.[39]

Denna manifestation inträffar inte bara under utförandet av exorcismen. Fr. Truqui berättade historien om en man som insåg att han var besatt när han bad på en reträtt. Mannen gick plötsligt in i trans och en vän han var med rörde vid honom för att se till att han mådde bra. I det ögonblicket tog den besatte mannen tag i vännen med ena handen och kastade bort honom åt andra hållet, på ett sätt som är helt omöjligt för en normal person att göra.[40]

Fr. Amorth noterar att en "dement person på ett sinnessjukhus kan immobiliseras med en tvångströja", men en demonisk kan knäcka till och med järnkedjor. Fr. Candido Amantini, läraren till Fr. Amorth, rapporterade ett fall av en svag ung flicka som visade samma styrkor som den Gerasa demonen från Markusevangeliet. Fr. Amorth minns: "Hon bröt varje band, till och med några tunga läderband som de försökte binda ner henne med. En gång, när hon var bunden med starka rep till en järnsäng, bröt hon några av järnstängerna och kunde böja andra."[41]

Detta tecken på besatthet inkluderar inte bara manifestationer av styrka utan också saker som levitation. Vissa präster bevittnar levitation under sin första utbildning. Fr. Ripperger uppgav att han bara har sett levitation två gånger på tio år, även om andra exorcister ser det oftare.[42] En man leviterade precis som Fr. Amorth lade sin hand på mannens axel i början av exorcismen. Trots att fem personer försökte kunde de inte hålla ner honom.[43]

Detta tecken på besittning kan ofta framkalla rädsla hos människor, men det är bra att komma ihåg att Vår Herre övervakar alla demoners verksamhet. Vidare, som fr. Amorth säger att det bara är i de mest våldsamma fallen som personen faktiskt behöver

---

[38] Fortea, 87

[39] Amorth, 66

[40] Fr. Truqui video

[41] Amorth, *Exorcist Tells*, 70

[42] Ripperger #6

[43] Amorth, 103

spännas fast.[44] Som Adam Blai påpekar, i vissa fall är den besatta personen helt följsam och behöver inga restriktioner.[45]

Fr. Ripperger lägger till en fascinerande detalj om den typ av manifestationer som exorcister bevittnar. Han säger att den vanligaste formen av diabolisk manifestation, i nästan varje fall av besatthet, är vad han kallar "morphing", där personen börjar ändra form när demonen manifesterar sig. Det verkar som att detta vanligtvis är en förändring i personens ansiktsstruktur. Vissa demoner kommer att manifestera sig på exakt samma sätt varje gång, men andra är inte förutsägbara i det avseendet. Demonen Beelzebub, till exempel, manifesterar sig alltid på samma sätt. Här, i den besattas kropp, säger fader: "Käken sträcker sig ut ungefär två centimeter på varje sida, huvudet smalnar av, ögonen går ihop och de blir blodsprängda."[46] Fr. Thomas har sett liknande förvrängningar av den besattas kropp, ibland, som han säger, rör det sig på ett sätt som liknar en orm. "Demonerna," tillägger han, "kommer att flytta människors kroppar på sätt som verkar otänkbara."[47]

Stadier av befrielse

Personens befrielse är något som sker progressivt när den besatta och exorcisten arbetar tillsammans för att driva ut demonerna. Vanligtvis finns det ungefär sex steg i processen, men några av dessa hoppas över om exorcismen går snabbare. Innan befrielsen kan ske måste exorcisten ha skaffat sig kontroll över demonen.[48]

Efter att närvaron av demonen har verifierats i personen, går arbetet till att få demonen att komma till ytan så att exorcisten sedan kan påbörja processen att ta bort demonen. Markusevangeliet säger att det finns olika sorters demoner.[49] Detta bevittnas delvis av exorcister i det faktum att demoner kommer att interagera med dem på två grundläggande sätt: öppna och slutna. Öppna demoner kommer att börja manifestera sig så snart riten börjar. Slutna

---

44 Amorth, 103
45 Blai, 71
46 Ripperger #2
47 Fr. Thomas #2
48 Ripperger #6
49 Markusevangeliet 9:28

demoner tenderar att gömma sig och är svårare att upptäcka. Demoner är dock skrytiga och gillar att visa upp sig för andra demoner, så de flesta kommer att manifestera sig så småningom.[50] Det finns också dolda demoner som inte ger några tecken på sin närvaro i en person, och som lurar även en mycket erfaren exorcist. När det gäller dessa demoner säger Fr. Fortea att prästen måste vara mer insisterande i sina böner, men att det tar vanligtvis bara några extra minuter att få demonen att svara.[51]

När demonen är öppen är det förstås lättare att gå vidare. De kommer att börja prata direkt men kommer också att försöka distrahera prästen genom att avfärda personens problem som rent psykologiska. Eftersom detta kommer att ske med den besattas röst, inte en djävulsk röst, kommer det helt klart att vara ett tecken på demonens försök att lura prästen. Det kommer också att vara en uppenbar indikator på det demoniska eftersom detta uttalande kommer att vara en fullständig omvändning av attityden hos personen, som inte före det ögonblicket trodde att problemen var psykologiska. Personen kommer också att skratta åt allt som prästen gör under exorcismen. Dessa demoner kan ibland också vara våldsamma och behöver ofta hållas nere.[52]

Slutna demoner försöker gömma sig och inte avslöja sin närvaro, även när prästen har börjat be över de besatta. Prästen måste leta efter några av de subtila manifestationerna som kommer att inträffa. Han borde leta efter saker som att ögonen rullas tillbaka under de slutna ögonlocken.[53] Detta är ett vanligt tecken på manifestationen av demonen. Vissa slutna demoner är dock helt tysta. Dessa, som fr. Amorth säger, är de svåraste att ta itu med.[54]

Detta beteende från de öppna och slutna demonerna är vad Fr. Ripperger beskriver som det andra steget i processen att befria personen. Han kallar detta stadium obfuscation.[55] Obfuscation betyder "att göra dunkel, förvirrande eller förvirrande." När prästen fortsätter med bönerna kommer manifestationen att bli mer uppenbar och demonen kommer att sluta att gömma sig.

---

[50] Ripperger #6
[51] Fortea, 78, 81
[52] Fortea, 76
[53] Fortea, 76
[54] Amorth, 67
[55] Ripperger #6, #1

Inuti exorcismen

Fr. Ripperger beskriver det tredje stadiet som stridsfasen, där prästen sakta får makt över demonen. Här kommer demonen att attackera prästen invändigt, på ett sätt som liknar vad den besatta personen upplever. Denna attack avslöjar mycket om demonen, som exorcisten sedan kan använda mot demonen. Fader säger att om exorcisten är mycket erfaren är demonerna mer försiktiga med att ta detta tillvägagångssätt.[56]

I detta skede av processen kan ett sällsynt fjärde steg dyka upp, där demonen börjar tappa kontrollen och slå ut med yttre manifestationer av sin makt. Detta kan innefatta att flytta och kasta saker i rummet. En kvinna som fr. Ripperger hjälpte till att ha en demon av förstörelse som manifesterade sig under exorcismen och förstöra saker som VVS och hårddisken på pastorns dator.[57] I den sanna historien bakom The Exorcist-filmen slängdes föremål runt i rummet under exorcismen.

Strax före befrielsen, i det femte steget av processen, har exorcisten nu kontroll över demonen efter att ha skaffat sig den information som är avgörande för att befria personen. Demonen är mycket mer dämpad vid denna tidpunkt och tenderar att manifestera sig endast under exorcismsessionerna. Som ett resultat är livet för den besatta personen mycket mer normalt. En av de saker som exorcisten behöver veta, som han har vid det här laget, är antalet och namnen på de demoner som är närvarande.[58] Exorcisten behöver också veta hur demonen kom in i personen. Detta kommer att spela en roll i metoden för att få ut demonen.

Band kan bildas med demoner på många sätt, till och med som Fr. Amorth säger, på sätt som är subtila och nästan omedvetna. Dessa kan uppstå på grund av en naive nyfikenhet, särskilt när de utsätts för något som till och med är löst knutet till det ockulta. Detta kan uppstå lättare om det också kombineras med till exempel en personlig önskan att veta framtiden.[59] Vissa människor kommer uttryckligen att bjuda in en besatthet, inte bara genom utövandet av magi och satanisk dyrkan, utan också genom en nyfikenhet som inte är längre naiv.[60]

---

[56] Ripperger #6, #1
[57] Ibid.
[58] Ibid.
[59] Amorth, *More Stories*, 114
[60] Blai, 62

Vikten av demonernas namn, som Fr. Thomas beskriver, är kopplad till frågan om en persons kallelse. Som han säger, i dopet, frågar prästen namnet på barnet på ett analogiskt sätt till hur Gud kallade profeterna vid namn och Vår Herre kallade apostlarna vid namn. Genom denna direkta kallelse, vid namn, var det en personlig kallelse, och en som drog dem in i Guds rike och ljuset. En demon motstår att avslöja hans namn eftersom han föredrar att bo i mörkret och, som fader tillägger, för att de är lögnare och bedragare. För att förmedla vad alla exorcister verkar tro säger Fr. Carlin: "Djävulens bästa knep är att övertyga människan om att han inte finns."[61] Alla demoner gör detta, för att de genom sin fördolhet ska kunna fortsätta sitt onda arbete. Fr. Thomas fortsätter, "När exorcisten väl fått namnet på demonen, börjar demonen att förlora sin makt eftersom han då kallas in i ljusets rike. Det är som att ta upp en fisk ur vattnet. Demoner kommer vid denna tidpunkt eftersom de är legalister och exorcisten har auktoriteten."[62]

Fr. Amorth nämner, som fr. Ripperger gjorde också i kapitel ett, att det finns vissa demoner som är mer centrala, kraftfulla och svåra att hantera. Han säger att om demonens namn är ett bibliskt namn eller ett namn som ges i tradition, som Satan, Beelsebub, Lucifer, Zebulon, Meridian eller Asmodeus, "har vi att göra med 'tungviktare' som är mycket svårare att besegra." I överenskommelse med Fr. Thomas, han tillägger att avslöjandet av demonens namn är ett gott tecken. När demonen avslöjar detta försvagar det hans kraft avsevärt.[63]

De sista sakerna som exorcisten söker är tid och datum för demonens utträde och tecknet de kommer att ge för att indikera att den har lämnat.[64] Som diskuterats tidigare,[65] reglerar Vår Herre strikt vad demonerna får göra, och begränsar till och med hur länge de får stanna. Demonerna vet vid vilken tidpunkt under exorcismen de måste lämna och kan inte, inte lyda det budet. Demonerna ger också ett tecken, eller lyder ett sista kommando, varefter de lämnar den besatta. Fr. Amorth säger att när tiden för hans avgång närmar sig, kommer demonens handlingar att börja avslöja att det är nära.

---

[61] Carlin, 7
[62] Fr. Thomas #2
[63] Amorth, 102. Se också sida 10.
[64] Ripperger #6
[65] Se kapitel fyra

Även om demonen i början av exorcismen kommer att ha sagt att han aldrig kommer att lämna, kommer han då att indikera att hans avgång är "snart". Ibland kommer demonen att avslöja för exorcisten datumet för avresan. Ofta är detta en lögn, men det är också ofta sant, på grund av Vår Herres kontroll över demonen.[66]

I dokumentären om den sanna historien bakom filmen Exorcisten säger demonen i den besatta pojken att han måste säga ett ord, och demonen kommer att lämna, men att pojken aldrig skulle säga det. Så småningom, och anmärkningsvärt nog, dök den helige Mikael upp i pojken och befallde demonen att gå och använde det enda ord som pojken behövde uttala för att demonen skulle lämna. Det ordet var "Dominum", som på latin betyder Herre. När S:t Mikael använde termen, avgick demonen och befrielsen fullbordades. Fr. Fortea uppgav att demoner av högsta klass ofta drivs ut endast genom inblandning av en ängel mot slutet av exorcismen.[67]

Det sista stadiet av processen kallas befrielsen av personen, vilket är syftet med exorcismriten. När den sista demonen har lämnat personen, Fr. Fortea säger att personen "förblir i fred, återfår medvetandet och öppnar ögonen. Han kan till och med känna en andlig lycka." För att vara säker på att demonen är borta bör prästen be i några minuter till. Om det fortfarande finns en demon kommer den att börja manifestera sig igen.[68] Detta är något som kommer att hända då och då. Demoner gillar att gömma sig och ge intryck av att de har lämnat. De tenderar också att försöka återvända och återuppta sin attack mot personen. Fr. Amorth konstaterar att en och annan exorcism efter befrielsen kan vara fördelaktig för personen för att motverka demonens envishet.[69]

Efter att ha blivit befriad har personen vanligtvis inga allvarliga kvardröjande effekter men kan återgå till ett normalt liv.[70] En person som har blivit exorserad behöver bara oroa sig för att bli besatt igen om de återvänder till att leva i ett tillstånd av synd. En eller två dödssynder, inom ramen för ett praktiserande kristet liv, kommer inte att orsaka att ägandet återkommer. Men om de överger det

---

[66] Amorth, *More Stories,* 137f
[67] Fortea, 110
[68] Fortea, 106
[69] Amorth, *Exorcist Tells,* 100
[70] Amorth, 83

kristna livet efter befrielsen, skulle den andra besättningen vara "av fler och värre demoner."[71]

Fr. Fortea hade en kvinna som återvände till honom, efter att ha blivit framgångsrikt befriad från alla sina demoner, och sa att hon upplevde tecken på demonisk aktivitet i sin kropp igen. Hon hade troget bett och levt sitt kristna liv sedan hon befriades bara några dagar innan. När Fr. Fortea träffade henne, det tog bara några minuters bön för att lindra det demoniska inflytandet. Han insåg att demonen, vilket sällan händer, försökte återta henne, men hennes andliga liv fungerade bokstavligen som en rustning mot demonen. Efter dessa sista böner hade hon inga ytterligare problem.[72]

Vikten av att inte återfalla i ett liv i allvarlig synd betonades för den heliga Birgitta av Vår Fru. Som nedtecknat av den helige Alphonsus avslöjade Vår Fru att "om själen inte rättar till och utplånar sina synder genom sorg, kommer djävlarna nästan omedelbart tillbaka och fortsätter att äga den."[73]

---

[71] Fortea, 107
[72] Fortea, 107
[73] *Glories of Mary* 124

+ Fall av besatthet är sällsynta. Mindre än tio procent av människor som kommer för att träffa en exorcist har ett sant fall av besatthet.

+ När en präst ber över en person, om en demon är närvarande, kommer det att visa sig på något sätt. Vissa manifestationer är subtila medan andra är uppenbara.

+ Den tid det tar för en person att bli befriad varierar mycket och beror på många faktorer inklusive det andliga arbete som utförs av den besatta för att hjälpa befrielsen.

+ Exorcister är beroende av stöd från ett team av troende katoliker för att hjälpa dem vid exorcism.

+ Det finns fyra klassiska tecken på att en person är besatt: motvilja mot det heliga, hemlig kunskap, flytande okända språk, övermänsklig styrka.

+ Demoner kan manipulera de besattas kropp på ganska häpnadsväckande sätt under exorcismen.

+ Befrielsen är en långsam process som kräver att man tvingar demonen att kommunicera och skaffar den information som krävs för att få kontroll över demonen.

+ Efter befrielsen är det avgörande att personen skyddar sitt andliga liv för att inte återfalla i synd och drabbas av ett värre återtagande.

Auktoritet och det diaboliska

Vatikanstatens vapensköld är utformad på ett sådant sätt att det förmedlar den makt och auktoritet som kyrkan har fått av Vår Herre. Den innehåller delvis en guldnyckel och en silvernyckel som korsar varandra. Dessa nycklar hänvisar till ordens makt och jurisdiktionens makt: prästadömet och auktoritet, vigningen och makten att använda den.[1] Guldnyckeln representerar makten i Guds rike och silvernyckeln representerar påvedömets auktoritet på jorden. En präst behöver inte bara ta emot heliga vigningen genom ordination, utan han måste också få tillstånd från sin biskop för att agera som präst. Detta sträcker sig i ännu högre grad till exorcism och administreringen av konfirmationssakramentet, vilket båda kan göras av en präst, men endast med tillstånd av sin biskop.[2]

Vi ser i Markusevangeliet att Vår Herre ger apostlarna både makt och auktoritet över demoner. Dessa två är distinkta aspekter av exorcismtjänst. Till exempel, i Markus 9:28, kan apostlarna, som har auktoritet över demonerna, inte driva ut den på grund av brist på "bön och fasta". Bön och fasta, och helighet i allmänhet, ökar exorcismens effekt. Denna distinktion ses också i Markus 9:38 när en man ses av apostlarna driva ut demoner trots att han inte är en av de tolv. Denne man hade makten att driva ut demoner men hade inte fått auktoriteten.[3]

Alla exorcister säger att demoner är väldigt legalistiska och vet när någon har auktoritet och när de inte har det. Om personen som befaller demonerna verkligen har den rätta auktoriteten, kommer demonerna att lyda. Om personen inte har det kan det ta en farlig vändning. Det är användbart att i detta sammanhang påminna om

---

[1] Ripperger #4

[2] En präst får konfirmera en kristen utan givet tillstånd i ett nödfall.

[3] Fortea, 105

berättelsen om de judiska exorcisterna som försökte imitera Sankt Paulus exorcism av demoner genom att åkalla Jesu namn. I Apostlagärningarna 19, verserna 11-17, läser vi:

> Gud gjorde märkliga under genom Paulus; man tog till och med dukar och plagg som hade varit i beröring med hans kropp och lade dem på de sjuka, och då blev de kvitt sina sjukdomar, och de onda andarna lämnade dem. Några kringvandrande judiska andeutdrivare tog sig också för att uttala herren Jesu namn över sådana som hade onda andar. De sade: »Jag besvär er vid den Jesus som Paulus förkunnar.« Så gjorde sju söner till en viss Skeuas, en judisk överstepräst. Men den onda anden svarade dem: »Jesus känner jag till, och vem Paulus är vet jag, men vilka är ni?« Och mannen som hade den onda anden i sig for på dem, övermannade dem alla och tilltygade dem så illa att de måste fly ut ur huset, nakna och blodiga. Detta blev känt i hela Efesos bland både judar och greker, och alla greps av fruktan, och herren Jesu namn blev ärat.

Fr. Ripperger säger att demoner, när de konfronteras med en utan auktoritet, kommer att säga: "Var är din auktoritet?" och inte samarbeta. Han berättade om ett fall i New York där en grupp protestanter försökte utföra en exorcism på en person som var besatt och svävande, ibland fast i taket. De blev våldsamt attackerade och "slagna inom fara för deras liv" av demonen inom den besatta personen som hela tiden förkunnade: "Du har ingen auktoritet." De kallade in en katolsk präst, med auktoritet, och han löste situationen.[4]

Som tidigare nämnts, att förvärva namnet på demonen och synden som var orsaken till hans fall, är kritiska aspekter för att få auktoritet över demonen. Kunskapen om dörren som användes, synden som begicks av personen, genom vilken demonen gick in, är också kritisk. När denna synd väl har avslöjats kan personen föra den till bikten och påbörja den läkningsprocess som är nödvändig för att stänga såret som synden skapade. Det såret är medlet för demonen

---

[4] Ripperger #1

att hålla sig fast vid personen. När helandet inträffar tappar demonen ytterligare sitt grepp.

När exorcister får namnet på demonen kan de använda det namnet för att hjälpa de besatta, även om de ännu inte har de rätta auktoriteten och tillstånden att fortsätta med en formell exorcism. Som Fr. Thomas nämnde, att använda namnet på demonen kallar demonen in i ljuset för att möta kyrkans auktoritet. Om demonen kommer fram, men inte möter en auktoritativ person, kan det vara farligt. Lekmän som ett resultat, om de av någon anledning får veta namnet på en demon som är inblandad i en besatthet, får inte använda namnet på något sätt. Fr. Ripperger refererar till frågan om Harry Potter-böckerna, i vilka vissa karaktärer bär namnen på faktiska demoner som exorcister har stött på. Att använda namnet på en demon utanför den auktoritativa strukturen av exorcismriten, och när demonen inte konfronteras och motarbetas, ger honom faktiskt makt eftersom användningen av hans namn på det sättet ger honom ära i denna värld.[5]

Faderns roll

Sann auktoritet är inte en fråga som är begränsad till enbart kyrkan utan är också närvarande inom familjen. Fadern, som familjens överhuvud, spelar en avgörande roll, bland annat som herde och grindvakt. Denna roll kan leda till välsignelser för familjen, men om fadern försummar att utöva sin auktoritet på rätt sätt kan det leda till problem.

Faderns ledarskap ger honom befogenhet att välsigna sin familj, inklusive hans fru och hans barn. Modern delar i viss mån faderns befogenhet. Hon kan välsigna sina barn som fadern, men hon kan inte välsigna fadern, eftersom han har ledarskapet över hela familjen. Skapandet av Eva hjälper till att förklara denna skillnad. Som St Thomas förklarar skapades Eva av Adams revben av en specifik anledning. Genom att göra så visade det att de var jämlika, eftersom hon togs från hans eget kött; att hon inte var hans slav, eftersom hon inte skapades från hans fötter; men att hon inte hade makt över honom, eftersom hon inte skapades av hans huvud.[6] Detta sätt att

---

[5] Ripperger #3

[6] Summa 1, Q. 92, A 3

skapa Eva visar således auktoritetsstrukturen inom familjen som en gudomligt instiftad hierarki.

Med tanke på sitt ursprung och sin änglanatur känner demonerna till auktoritetsstrukturen inom kyrkan och även inom familjer. Som ett resultat blir familjen ett speciellt mål för demonerna, och fadern i synnerhet. Fr. Truqui[7] sa att det finns en demon som specifikt riktar sig mot familjer, vilket han ser i många exorcismer. Demonens namn är Asmodeus och han ses första gången i den heliga skriften i Tobits bok. Där är han ansvarig för att iscensätta Sarahs sju makars död. Som exorcister på samma sätt bevittnar i sitt arbete, drevs denna stora demon ut av en ärkeängel, av St. Rafaels själv.

En demons inträde i en familj kan ske som ett resultat av ignorering av det ansvar som följer av faderns auktoritet, antingen av fadern själv, eller av modern eller barnen. Liksom exorcism, som är beroende av auktoritet, har rätt användning av faderns auktoritet en verklig effekt på familjen.[8] Fäder bör därför vara måna om både det materiella och andliga välbefinnandet hos sina familjer och se sig själva som kapabla och därmed ansvariga för att skydda dem på dessa två sätt. Fadern kan alltså, liksom Saint Joseph, som bär titeln "Demonernas terror", vara ett verkligt sätt att avvärja diaboliskt inflytande i familjen.

Synd innebär att förkasta Guds bud och, som en konsekvens, placera oss själva utanför den rätta auktoritetsstrukturen och i ett tillstånd där vi är sårbara för ondska. Kom ihåg hur många gånger Israel straffades av Gud för otrohet. Israel skapade en sårbarhet genom att stöta bort Gud och hans kraftfulla skydd. Deras fiender kunde sedan lätt närma sig och Israel led allvarlig skada. När vi går till bikt, placerar vi oss tillbaka i trohet mot Guds förbund och under hans beskydd igen.[9]

Generationsandar kan komma in genom faderns auktoritet, vilket visas i Andra Moseboken, när Herren säger att han kommer att låta "fädernas skuld drabba barnen intill tredje och fjärde led när man försmår mig."[10] Även om mamman också kan föra in ondska i familjen, som med Eva, är målet, även med Eva, fadern, vars

---

[7] Cruxnow.com/global-church/2017/10/28/exorcist-says-theres-demon-targets-family/
[8] Ripperger #1
[9] Ibid.
[10] Exodus 20:5

auktoritet är universell över familjen. När fadern begår en dödssynd av ett visst slag, som pornografi, är han nu sårbar för diaboliskt inflytande. Om en demon kommer in i det ögonblicket kan han korrumpera hela familjen, eftersom han kom in genom familjens överhuvud.[11] Demonen kan också finnas kvar och föras vidare genom successiva generationer.

Bindande böner och auktoritet

Lekmän tillåts använda vad som kallas "bindande böner" inom den rätta auktoritetsstrukturen. Detta fungerar på samma sätt som att förmedla välsignelser. Föräldrar kan välsigna sina barn, spåra korstecknet med tummen på barnets panna och använda en befalld bön som säger "Gud välsigne dig", och sedan ges en välsignelse. Detta görs över barnen på samma sätt som en präst kan välsigna alla.[12] Även om hustrun inte kan välsigna sin man, får hon be förbindande böner över honom. Varje make kan be befrielseböner för den andra maken såväl som för barnen.[13]

Även om begreppet bindande böner inte är välkänt bland katoliker, har det alltid funnits i kyrkans tradition. Liksom många andra traditionella läror har katoliker idag blivit avskurna från kunskap om denna aspekt av det andliga livet. På ett liknande sätt som befrielsetjänsten har protestanter tagit upp detta tillvägagångssätt och gjort det till sitt eget. Som ett resultat ser många katoliker det som något protestantiskt. Fr. Ripperger betonar att exorcism, befrielsetjänst och bindande böner inte är av protestantiskt ursprung, utan är en del av det rika arvet av andliga skatter i den katolska tron. Med det sagt måste katoliker lära sig det rätta sättet att engagera sig i dessa andliga verk, så att de stannar i den auktoritativa struktur som Gud vill och håller sig borta från andliga problem.

Det finns två framträdande omnämnanden av bindande av demoner i Bibeln. Den första förekommer i Gamla testamentet i Tobits bok. Här sändes ärkeängeln Sankt Rafael för att både bota och binda en demon. Demonen Asmodeus hade varit ansvarig för Saras sju makars död. Genom bindningen av Asmodeus frigörs Sarah

---

[11] Ripperger #8. Generationsandar är inte en definerad lära i Kyrkan.
[12] Ripperger #7
[13] Amorth, 90

för att säkert gifta sig med Tobias. Förutom att hela Tobit från blindhet, kallas denna bindning av demonen också som ett helande.[14]

I Matteusevangeliet säger Vår Herre: "Hur skall någon kunna gå in och plundra en stark man på vad han äger om han inte först binder honom? Sedan kan han plundra hans hus."[15] Den helige Thomas av Aquino förklarar denna vers genom att samla Kyrkans visdom från hennes lärare. Han säger att Vår Herre har gått in i Satans hus, den "starke mannen", och har bundit honom. På så sätt erövrad är Satan oförmögen att försvara sitt byte och Vår Herre har tagit bort det. Dessa byten är de själar som har blivit bundna av demonerna. Vår Herre kommer inte bara för att binda demonerna utan också demonernas furste. Genom att på så sätt driva ut alla demonerna profeterar han också att han "kommer att ta bort alla villfarelser ur världen och upplösa djävulens verk; och han säger inte råna, utan plundra, vilket visar att han kommer att göra det med kraft ." Denna bindning betyder också att han "har tagit ifrån honom all makt att hindra de troende från att följa Kristus och vinna himmelriket."[16]

Satan och alla demoner är alltså bundna av Vår Herre. Liksom frälsningens gåva och korsets seger, utspelar sig bindningen av demoner i tiden och genom historien. Vår Herre gav hela mänskligheten kraften att bli frälst, men detta måste accepteras av alla människor. Likaså var hans erövring av Satan definitiv, men det utspelar sig i tiden och genom kyrkans tjänst. I våra egna liv, i Kristus och med kraften av hans dyrbaraste blod och hans heliga namn, deltar vi i att besegra djävulen. Men först måste vi slåss mot honom. Genom den bindande bönen engagerar vi oss således i denna andliga kamp med mörkrets krafter, i vetskap om att vi är den segerrika armén.

Det är därför bra att tänka på bindande böner först på individnivå. Här fungerar de som en sorts självexorcism, där vi kastar bort de demoner som kommer emot oss. Vi har auktoritet över oss själva i detta avseende. Som ett resultat, när du känner ett djävulskt inflytande mot dig, även som en enkel frestelse, kan du tala direkt mot demonen i Jesu namn. Jesus är fortfarande den som har auktoriteten, så den bindande bönen måste göras i hans namn. Den

---

[14] Tobit 3:16–17
[15] Mattheusevangeliet 12:29
[16] St. Thomas Aquinas, *Catena Aurea*, Gospel of Matthew 12

bindande bönen är: "I Jesu namn binder jag dig, N .s ande, och jag kastar dig till korsets fot för att bli dömd av Vår Herre." Slutet kan också vara "... att få din dom." Fr. Ripperger säger att du kan lägga till åkallanden till bönen, till exempel infoga "med kraften av det dyrbara blodet" eller "genom Helige Josefs förbön."[17]

Utanför oss själva har vi auktoritet över andra inom den rätta auktoritetsstruktur som fastställts av Gud. Fadern i familjen har makt över hela sin familj. Hustrun delar i den myndigheten men har inte samma chefskap som fadern. Men bindande böner kan hustrun dock be för sin man. De kan båda be dessa för sina barn. Fr. Ripperger säger att även om barn inte har auktoritet att välsigna sina föräldrar, har exorcister märkt att barn kan be bindande böner över sina föräldrar, på grund av någon aspekt av det fjärde budordet. Det verkar finnas ett skydd över barnen som tillåter dem att göra den här bönen, kanske "eftersom det finns tillfällen då barnen kanske måste ta hand om sina föräldrar när de blir äldre."[18]

När du ber för någon utanför myndighetsstrukturen kan den bindande bönen bes på ett indirekt sätt. Formuleringen skulle ändras till, "O Jesus, jag ber Dig att binda N..." Fr. Ripperger rekommenderar denna bön av många anledningar och säger att han har sett mycket framgång i användningen. Detta kan bes för många syften, som att driva bort demoner som för in dåliga vänner i en persons liv, eller dåliga relationer, eller hindra dem från att konvertera. Demoner kan hetsa upp onda människor och motivera dem att komma in i ditt liv eller vägra lämna ditt liv. Denna typ av vänskap kan vara källan till ondska i ett barns liv och i deras sinne, genom vilken demonen kan dra barnet bort från familjen och tron. Fr. Ripperger ger en version av den bindande bönen till föräldrar för att hjälpa till att bryta dåliga relationer.[19] Demoner kan också störa omvändelsens nåd och försöka blockera en persons samtycke till den. De kan underblåsa stoltheten och arrogansen hos en ateist eller någon som vägrar gå in i kyrkan trots att de ser att det är den intellektuellt korrekta vägen att ta.[20]

---

[17] Ripperger #7

[18] Ibid.

[19] Föräldrar kan säga något i stil med, "I Jesu namn binder jag demonen som håller mitt barn fast med ________."

[20] Ripperger #7

Förmågan att utmana djävulen är något vi kan göra på det naturliga planet. Kampen mot Satan är ett villkor för mänsklig existens. Som ett resultat tillåter Gud oss att utöva en varierande grad av auktoritet mot demonerna i denna kamp, även om vi är borta från Kristus i en eller annan grad. Fr. Ripperger nämner, i ett av sina föredrag, att även människor i andra religioner ibland kan utföra en exorcism. Detta kommer naturligtvis inte att ske i Jesu namn. Dessa exorcismer förvärrar vanligtvis bara problemet, men när det fungerar, flödar effekten av vad han säger är en ömsesidig auktoritet som vi har över varandra på det naturliga planet.[21] Vi ser tydligt att detta är en praxis hos judarna, som, enligt Vår Herre själv, var ibland effektiva i att driva ut demoner. Fr. Fortea tillägger att för dem som tror på Kristus men är separerade från kyrkan, räcker tron på Kristus och tron på kraften i Jesu namn för att exorcismerna ska fungera. Gud, säger han, liksom i dopet, som helt enkelt kräver den rätta formen och materien, ställer inte "för många villkor för de mest väsentliga kristna sederna för att de ska vara giltiga." Således är även de kristna som inte har giltiga heliga ordnar eller tillgång till präster fortfarande kapabla att driva ut djävulen i viss utsträckning.[22]

Med det i åtanke måste vi trampa försiktigt med att be befrielseböner och göra bindande böner utanför vår auktoritet. Om vi utmanar en demon oförsiktigt, tillåts de att hämnas. Vissa helgon, som St. Benedictus, som inte var präst, kunde driva ut demoner med stor effektivitet. De hade fått en viss kraftfull gåva från den Helige Ande, som var Guds egna beslut, och inte något vi helt enkelt kan göra anspråk på för att vi önskar det. St. Benedictus hade också nått en speciell höjd av helighet som de flesta människor inte kommer att kallas till, och som gjorde hans böner extremt effektiva. Men sluta aldrig att be för någon av rädsla för att djävulen ska bli arg på dig. Var försiktig, uthållig och var redo för striden.

---

[21] Ripperger #4
[22] Fortea, 103

+ Kyrkan besitter både makt och auktoritet över det diaboliska. Denna makt över demoner kan öka baserat på den enskilda prästens helighet.

+ Demoner vet vem som har auktoritet och vem som inte har det. Endast de med rätt auktoritet bör fortsätta med en exorcism eller använda namnet på en demon.

+ Auktoritet finns även inom familjestrukturen. Familjens fader kan välsigna alla familjemedlemmar. Fadern och mamman kan be bindande böner över varandra och sina barn.

+ Det finns demoner som specifikt riktar sig mot familjen, så det är viktigt att fadern, och hela familjen, förblir hängivna till Vår Herre och är i ett tillstånd av nåd.

+ Exorcism, bindande böner och befrielseböner är alla en del av den katolska trons rika arv, även om få människor idag är riktigt medvetna om dem.

+ Den bindande bönen är ett viktigt verktyg som alla troende kan använda för att skydda sig mot fiendens vanliga attacker.

Kapitel Åtta

Synd och Satans inflytande

När vi syndar deltar vi i underkastelsen till djävulen som Adam och Eva först utsattes för. Våra synder är handlingar av samarbete med de planer som vägleder Satans rike. Som ett resultat får demonerna en ökad auktoritet över oss, särskilt om våra synder är dödssynder.

Påven Leo XIII, i sin encyklika mot frimureriet, börjar med ett kraftfullt uttalande om denna verklighet. Han säger,

> "Människans ras, efter sitt eländiga fall från Gud, Skaparen och Givaren av himmelska gåvor, 'genom djävulens avund', separerade sig i två olika och motsatta delar, av vilka den ena kämpar för sanning och dygd, den andra av de saker som strider mot dygden och sanningen. Det ena är Guds rike på jorden, nämligen Jesu Kristi sanna kyrka, och de som av sitt hjärta önskar att förenas med den för att vinna frälsning, måste med nödvändighet tjäna Gud och hans enfödde Son med hela sitt sinne och med en hel vilja. Den andra är Satans rike, i vars ägo och kontroll finns alla som följer sin ledares och vår första föräldrars ödesdigra exempel., de som vägrar att lyda den gudomliga och eviga lagen, och som har många egna mål i förakt mot Gud, och många mål också i motstånd mot Gud."[1]

När vi syndar, och när vi "följer det ödesdigra exemplet" av Satan och Adam och Eva, och när vi inte lyder den gudomliga och

---

[1] Påve Leo XIII, *Humanum Genus*, 1

eviga lagen, faller vi under Satans rikes "innehav och kontroll". Vi borde alla låta det sjunka in. I denna era, karakteriserad som påven Pius XII sade, genom en förlust av känslan av synd, är Satan mer bemyndigad. Fr. Amorth tillägger att denna egenskap av vår tid "hjälper Satan att agera nästan ostört och förmår människan att synda och tar människan gradvis bort från Guds kärlek."[2]

I USA uppskattar Fr. Ripperger att tjugofem procent av människorna är under diaboliskt tvångssyndrom.[3] Det finns alldeles för många människor som öppnar dörrar till det demoniska genom dödssynd. I sina tal framhåller han starkt att den rätta effekten av varje enskild dödssynd är besatthet.[4] Den enda anledningen till att vi inte blir besatta när vi begår dödssynd, är för att Gud blockerar demonen, åtminstone i ungefär nittionio procent av fallen.[5] När vi är i ett tillstånd av nåd är vi underordnade Gud. När vi är i ett tillstånd av synd placerar vi oss själva under Satan. Våra synder, eftersom de är handlingar i tjänst för Satans rike, ger demonerna kraft mot oss.

Gateway Synder

Exorcister hänvisar till dessa synder som dörröppningarna eller portarna genom vilka demonerna kommer in i personens kropp. År 416 medgav påven Innocentius I att en döpt person kan bli besatt av djävulen till följd av en last eller en synd.[6] Den helige Alphonsus Liguori beskriver denna verklighet genom att säga: "Genom själva dörren, genom vilken Gud lämnar själen, går djävulen in."[7] Fr. Fortea tillägger att Gud tillåter diabolisk besatthet för att, bland andra skäl, "straffa syndare som söker ett förhållande till det onda."[8]

Portar för djävulskt inflytande inkluderar vad som kallas "laster i strid med naturen", såsom homosexualitet, som är Sodoms synd. Fr. Ripperger säger att om en viss demon är närvarande i en besatthet så vet exorcisten att det har förekommit sodomitiskt beteende i den besattas liv.[9] Det finns en demon relaterad till attraktion av samma

---

[2] Amorth, 64

[3] Ripperger #6

[4] Se fotnot på sida 44.

[5] Ripperger #1

[6] Fortea, 98

[7] *Preparation for Death*, 159

[8] Fortea, 85

[9] Ripperger #2

kön för män, Asmodeus, och två för kvinnor, Lilith och Leviathan. Medan i 99,9 % av fallen av samkönad attraktion är orsaken till dess uppkomst någon sorts trauma, kan dessa demoner orsaka det utan trauma, genom att störa intellektet och röra upp passionerna.[10]

Dödssynder som inträffar i våra tankar kan också vara portar till besittning. Stolthet är ett bra exempel. Fr. Ripperger berättade historien om en kvinna som av stolthet frestades att tro att hon var bättre än alla andra. Efter att hon samtyckt till denna tanke blev hon besatt.[11] Den helige Alfonsos berättar om Jerobeams berättelse, som kopplar synd och last med lydnad mot djävulen:

> "När Jerobeam gjorde uppror mot Herren, försökte han dra folket med sig till avgudadyrkan. Därför ställde han sina avgudar framför dem och sade: 'Se, dina gudar, Israel.'[12] Det är så djävulen handlar; han representerar ett visst behag för syndaren och säger: 'Gör detta till din gud, se detta nöje, denna hämnd är din gud; håll dig till dem och överge Herren.' Och genom att samtycka till synden lyder syndaren djävulen, och i sitt hjärta avgudar som sin gud det nöje som han skänker. 'En last i hjärtat är en avgud på altaret'."[13]

När vi följer våra egna viljor genom stolthet, blir våra vilja djävlar. Djävulen stör oss inte lika mycket vid den tidpunkten eftersom våra viljor är villiga ondska på egen hand.[14] St. Louis de Montfort tillägger att, genom "den ohälsosamma närvaron av egenkärlek, överdriven självtillit och egenvilja", att de många rikedomar och gåvor du har fått från Gud kommer att bli förstörda.[15]

Som tidigare nämnts kan familjemedlemmars synder, i synnerhet faderns, öppna dörren för demonisk närvaro i hemmet och släktled. Dessa generationsandar kan skapa problem på många plan, från ökad frestelse och högre intensitet av de till besittandet av

---

[10] Ripperger #6, baserat på hans egna observationer och samtal med andra exorcister.
[11] Ripperger #2
[12] Första Kungaboken 12:28
[13] *Preparation*, 157
[14] *True Spouse of Christ*, 143-144
[15] *True Devotion*, 178

familjemedlemmar. Fr. Amorth förklarar att han är lite oviss när det gäller generationsandrar, men att han har tillräckligt med erfarenhet som pekar åt dess verklighet. Demonisk besatthet har kommit fram i de familjer där släkt har varit involveradade i häxkonst, till exempel. Han kom till slutsatsen att en förbannelse "kan föras vidare från en generation till en annan, särskilt om den avlades av en pappa eller mamma mot en son, hans äktenskap eller framtida barn."[16]

Besittandet av barn

Besittningar som härstammar från generationsandar kan även påverka barn. Vissa exorcister tror inte att barn kan bli besatta, men många har gett vittnesbörd till denna verklighet. Fr. Ripperger berättade om en familj vars tio månader gamla son troddes vara besatt. Han höll själv barnet och en demon visades sig då och sonen försökte hugga hans ögon. De fick senare reda på att det var en generationsande som besatt barnet.[17] Fader Amorth förklarar att "det kan vara chokerande för många att ett nyfött eller ungt barn kan vara besatt av en demon, men det är denna hemska verklighet som vi exorcister måste handskas med."[18]

Barn kan bli besatta på flera sätt, bland annat genom generationsandar och engegemang i satanistiska ritualer. Satanister tar vara på generationsandar och försöker få dem att vara kvar inom deras släktled. Fr. Ripperger säger att vissa satanister har lyckats få en demon att stanna inom familjen i fyra hundra år. Från och med stunden barnet blir till i moderslivet tills dess att det föds utför dem de ritualer som kan säkerställa att barnet blir besatt.[19] Fr. Amorth refererar till det kända fallet om Francesco Vaiasuso vars besittning, som blev tydligt senare i livet, var kopplat till en satanistisk ritual han tvingades vara med i som en fyraåring.[20]

Denna tillägnan av ett barn till Satan är som ett falskt dop och kan ha en katastrofal inverkan på barnet, säger fr. Grob.[21] Barnet är utsatt from demonen även i moderslivet, vilket gör det möjligt för

---

[16] Amorth, 60

[17] Ripperger #8

[18] Amorth, 79

[19] Ripperger #8

[20] Amorth, 80

[21] Fr. Grob artikel

föräldrarna att göra detta. Fr. Thomas berättar om en man som blev förbannad av sin pappa när han ännu inte var född och som också blev övergrippen när han var två år gammal. Han kände under hela sitt liv att någon var närvarande, men trodde att det var hans skyddsängel. Trots att han var en praktiserande katolik hela sitt liv var det inte förens han som trettiåring deltog i påskvigilien där en biskop var närvarande som demonen uppenbarade sig.[22]

Eftersom barnet inte kan godtycka till besittandet är liberationen lite enklare i dessa fall. När en person döps befrias han från all ondska, inklusive det som är kopplat till satanistiska dedikationer och generationsandar, något som sker genom själva dopriten.[23] Det ovannämnda fallet var mer komplicerat på grund av det han utsattes för utöver förbannelsen. För att betona dopets kraft kan vi vända oss till Heliga Maria d'Oignies vision. Hon såg "en demon som drevs ut av ett barn som döptes, och den Helige Ande inträdde mer en ängelsk härskara."[24]

Generationsandar

Fr. Ripperger säger att nästan alla familjer har en generationsande av något slag. En vanlig källa av dessa andar, i vår tidsålder, är frimurarförbannelsen som avläggs av högt rankade frimurare och involverar en generationsförbannelse på hela släktleden från den tidspunkten framåt.[25] Om det är en frimurare i familjen, som nådde vilken grad som helst, inte bara den högsta graden, så rekommenderar fader att familjen tar upp den potentiella möjligheten för närvaron av denna frimurare förbannelse finns i familjen.[26] Denna förbannelse leder till närvaron av en demon med mycket distinkta beteendemönster. De påverkar vanligtvis familjens hälsa, särskilt i form av andningsproblem, och frestar familjen att synda mot det sjätte budordet, som sexuellt ofredande.[27]

Kvinnor kommer för att träffa exorcister mycket mer än män gör. Detta är sant av flera skäl. Fr. Ripperger säger att detta delvis

---

[22] Fr. Thomas #2
[23] Fr. Grob artikel
[24] *Preparation for Death*, 195
[25] Ripperger #6
[26] Fr. Ripperger har en bön som bryter frimurarförbannelsen på sin hemsid *Sensus Traditionis* – visit http://www.sensustraditionis.org/Freemasonic.pdf
[27] Ripperger #8

beror på djävulens hat mot den heliga jungfru Maria. I förlängningen hatar djävulen kvinnor. Demonerna attackerar kvinnor för att de vet att de kan komma in i familjen genom kvinnan, som Satan gjorde med Eva.[28] Kvinnor är också ofta offer för övergrepp, vilket försätter dem i ett andligt sårbart tillstånd som demonerna kommer att utnyttja.[29] Misshandel kan vara en dörröppning för generationers andar att komma in och sataniska grupper använder ofta detta som en del av sina ritualer. Sexuell avvikelse är alltid närvarande i sataniska kulter.[30] Kvinnor vänder sig också oftare till exorcister, delvis för att de är mer benägna att vända sig till kyrkan i tider av nöd.[31]

Även adoptivbarn kan ibland ha en generationsanda. Om det finns oro för att beteendet ligger utanför vad som är normalt för ett barn, är det möjligt att det kan ha kommit från de biologiska föräldrarna.[32] Det är just därför som kyrkan har exorcism för barn i den traditionella dopriten.[33] Den heliga skriften ger ett perfekt exempel:

> "De kom fram med pojken, och när han fick se Jesus började anden genast slita i honom så att han föll omkull och vältrade sig på marken med fradga kring munnen. Jesus frågade hans far: »Hur länge har det varit så här med honom?« Fadern svarade: »Sedan han var liten."[34]

När vi tittar på detta avsnitt ser vi att fadern tar med sig sin son till Vår Herre. När pappan tillfrågas hur länge demonen har funnits i pojken, svarar pappan att den har funnits där från barndomen eller, på latin, från spädbarnsåldern. Alltså är detta antingen från en generationsanda eller från en förbannelse, som båda kan åtgärdas genom exorcismen vid dopet.

---

[28] Amorth, 81

[29] Ripperger #1

[30] Fr. Thomas #2

[31] Amorth, 81

[32] Ripperger #8

[33] Den nya dopriten har inte samma mängd eller intensitet av exorcister som den rit Kyrkan använda fram till ritreformen 1999. Den gamla riten är fortfarande ett alternativ för exorcister, och många av dem föredrar den till den nya.

[34] Markusevangeliet 9:20-21

Synd och Satans inflytande

När det gäller att befria din familj från närvaron av en generationsande, är det viktigt att komma ihåg att Gud har tillåtit demonen att vara där. Demonen är en störare och ett hot men är maktlös inför Gud. Därför, när vi vänder oss till Gud, kan demonen avlägsnas. Ett kritiskt steg är att gå till bikten. Alla exorcister säger att bekännelse är effektivare än en exorcism. Bekännelse avhjälper våra andliga liv på flera nivåer, vilket alla gör oss mindre inbjudande för demoner. Demonerna görs oförmögna att hålla skulden för våra synder mot oss, själen blir strålande av helgande nåd, våra oordnade passioner korrigeras delvis, vårt hat för synd ökar och vi dras övernaturligt att tänka på Gud på grund av en ökning i de teologiska dygderna.

Fr. Ripperger rekommenderar att vi ber till Vår Fru specifikt under titeln "Vår Fru av sorger."[35] När hon var med Simeon vid vår Herres frambärande i templet[36] och han profeterade att ett svärd skulle tränga igenom hennes själ, omfamnade hon detta ödet att lida med sin Son. Hennes villiga lidande med Kristus förtjänade en intimitet med Gud genom vilken hon vet saker som ingen annan vet eftersom Gud uppenbarar dem för henne. Detta är innebörden av versen, "ja, också genom din egen själ skall det gå ett svärd — för att mångas innersta tankar skall komma i dagen.«." Vår Fru av sorger, säger fader, kommer att hjälpa oss att upptäcka demonerna i våra liv och visa oss hur man tar bort dem.[37]

St. Louis de Montfort har två gripande uttalanden som knyter an till verkligheten av generationsandar och Vår Frus kraft att hjälpa oss att ta bort dem. Han säger: "Genom att lyda ormen, förstörde Eva sina barn såväl som sig själv och överlämnade dem till [Satan]. Maria räddade genom sin fullkomliga trohet mot Gud sina barn med sig själv och helgade dem till hans gudomliga majestät."[38] Han tillägger , "Hon kommer att avslöja hans orms list och avslöja hans onda planer. Hon kommer att sprida hans djävulska planer för vinden och kommer till tidens ände att skydda sina trogna tjänare från hans grymma klor."[39]

---

[35] Se sida 149 för mer detaljer om Vår Fru av SorgFru av Sorg.

[36] Lukasevangeliet 2:22ff

[37] Ripperger #9

[38] *True Devotion*, 53

[39] *True Devotion*, 54

+ Dödssynden skär av oss från Guds nåd och formar oss till Satans verk, vilket gör oss sårbara för djävulska influenser, inklusive besatthet.

+ I nästan alla fall av dödssynd blockerar Gud demonerna från att fortsätta med besatthet.

+ Dessa synder kallas dörrsynder, som kan öppna oss individuellt för demoner och också göra dem i vår familj mer sårbara för deras närvaro och inflytande.

+ Det är möjligt för barn att bli besatta till följd av demoner i släktlinjen eller genom påtvingad inblandning av barnet i sataniska ritualer.

+ En av dopets krafter och syften är att bryta och ta bort närvaron av eventuella demoner i barnet.

+ Att åberopa den heliga jungfru Marias hjälp under titeln "Vår fru av sorger" är särskilt användbart för att upptäcka och ta bort demoner från våra liv.

Kapitel Nio

Att motstå diaboliskt inflytande

Fr. Ripperger säger att demoner har en kärnprincip som vägleder dem: "Allt utom Gud!" Så vi måste hålla vårt fokus på Gud, och de kommer att lämna oss ifred.

I dessa tider, som prövar de mest trogna själar, och lockar många att avvika från den rätta vägen, att jaga efter den moderna tidens underverk med sina rikliga moraliska och tekniska nyheter, kan det vara en utmaning för själar som längtar efter styrka och skydd från det onda att hitta den. De har en grundläggande förståelse för bönetraditionen och tillgripande av sakramenten som kyrkan kallar dem till, men de många kraftfulla vapen som Vår Herre har anförtrott sin kyrka genom tiderna har i stor utsträckning glömts bort.

Präster, lärare och lekmannateologer är idag engagerade i vad som kan kallas "andlig arkeologi", och gräver i det förflutna för att avslöja det som har blivit gömt under den kristna kulturens kollaps. Exorcister som Fr. Ripperger, Fr. Amorth, Fr. Fortea, Fr. Thomas, och de andra exorcisterna som nämns i denna bok, och alla de hängivna och trogna präster och lärare i tron, som överlämnar de heliga traditionerna, presenterar dem för oss med händer som är metaforiskt färgade av lera och smuts. När vi ser vad de erbjuder säger vi ofta: "Jag har aldrig hört det förut." Men vi måste låta det uttalandet härröra från tro och inte från tvivel och se att dessa andliga reliker är autentiska och inte bara något som de själva tänkt på.

Denna introduktion är nödvändig när vi reflekterar över de medel som kyrkan har gett oss så att vi kan bli befästa och förberedda för strid. Sakramentala och traditionella andliga övningar kommer att stärka oss som tempel där den Helige Ande bor; de kommer att skärpa vår andliga krigsföringstaktik för denna strid där vi har värvats av vårt dop.

Att Dräpa Drakar

St. Louis de Montfort ger oss en viktig reflektion över vikten av det löfte vi alla avlägger vid vårt dop. Han återger vad den helige Thomas sa, att "män lovar i dopet att avstå från djävulen och alla hans förförelser." Detta löfte, fortsätter han, enligt den helige Augustinus, "är det största och mest oumbärliga av alla löften."[1] Trentkoncilets katekes uppmanar de troende att ta upp bruket att förnya våra doplöften oftare för att bekämpa de allvarliga störningarna i det kristna livet. Denna katekes säger: "Församlingens präst skall förmana de troende att aldrig förlora ur sikte att de i samvete är bundna att för evigt ägna sig åt sin Herre och Återlösare som hans slavar."[2] Fr. Amorth säger att vi kan "bryta varje band med den Onde" genom att recitera trosbekännelsen och genom avsägelsen av satan från förnyelsen av doplöften, särskilt för dem som har haft erfarenhet av det ockulta.[3]

När vi nu börjar beskriva medlen för att på ett korrekt sätt motstå diaboliska influenser, låt oss kort återkomma till några grundläggande begrepp relaterade till frågan om diabolisk besatthet. Som Fr. Ripperger har sagt, det finns tre sätt att bli besatt.[4] Det första är genom dödssynd. Detta är den som måste komma ihåg hela tiden, och som detta kapitel kommer att behandla i detalj. Den korrekta effekten av varje dödssynd, även om den vanligtvis blockeras av Gud, är besatthet. Detta inkluderar alla dödliga synder, såsom stolthet, otukt och pornografi, bland annat. Men Gud har fullständig kontroll över demonernas aktivitet och han ensam kan tillåta besattheten. Dödssynden öppnar dörren för dem att komma in i själen, men de får inte komma in om inte Kristus tillåter dem. Fr. Ripperger försäkrar oss om att Gud blockerar dem i alla utom de sällsynta fall.

När en besatthet inträffar finns det vanligtvis tecken som indikerar att demonen är närvarande. Ett av de många tecken som tidigare diskuterats kommer att dyka upp i personens liv. Fr. Weber, när han utbildade sig till exorcist, fick rådet att "söka efter en plötslig fientlighet mot Gud och religion och heliga ting som inte fanns tidigare." Detta skulle vara en indikator på ett potentiellt

---

[1] *True Devotion*, 127
[2] *True Devotion*, 128-9
[3] Amorth, 23
[4] Ripperger #2

innehav.[5] Fr. Ripperger säger att demoner är skrytiga och gillar att visa upp sig när de har åstadkommit något, så det kommer att ske en förändring i personen om besatthet inträffar.[6]

Om en person har begått en dödssynd och det inte märks någon förändring, bör det inte finnas någon oro för besatthet. Be, gå till bikten, gör bot, "gå och synda inte mer."[7] Om du märker något som är uppenbart djävulskt, tala då med en bra präst om det. Om du inte märker någonting, då är det bäst att ta bort ditt sinne från den oro och hålla den fokuserad på Gud. Även om det finns en demon närvarande, har du tagit det första steget i att kasta ut den igen.

Det andra sättet en person kan bli besatt är när människor har genomgått någon form av trauma, som våldtäkt eller övergrepp. Att bevittna något traumatiskt, eller personligen utsättas för ett övergrepp, kan orsaka ett djupt sår som behöver läkas. Utan det helandet kan det öppna oss för negativa känslor och tankar.[8] När en person agerar på ett ont sätt mot en annan person eller något, genom övergrepp eller någon form av traumatisk attack, agerar de på ett oordnat sätt mot dem, och djävulen kan få tag i personen eller saken vid den punkten.[9] Fr. Martins sa att trauma "kan leda till att man tappar tron på Guds godhet och den värld han skapade." Trauma, säger han, kan "lämna ett sår och det såret kan skaka oss i verklighetens godhet."[10] Han tillägger att en ande av rädsla kan haka på en person som ett resultat.

Fr. Thomas säger att åttio procent av människorna som kommer för att träffa honom är offer för övergrepp.[11] Han tillägger att såret från övergreppen tenderar att få en diabolisk komponent när offret, för att finna läkning eller lugn, blir öppen för och pysslar med det ockulta. Övergreppet blir en dörröppning som gör att inbjudningar till ondska lättare accepteras.[12] Fr. Amorth, på tal om övergreppens negativa kraft, säger att det kvinnliga offret för en

---

[5] Fr. Weber video
[6] Ripperger #2
[7] Johannesevangeliet 8:11
[8] Fr. Grob video
[9] Ripperger #2
[10] Fr. Martins video
[11] Fr. Thomas #2
[12] Fr. Thomas #1

satanisk "svart mässa" ofta drabbas av konsekvensen av ritualen, som är besatthet.[13]

För att illustrera den demoniska makten att fästa sig vid saker som används på onda sätt, Fr. Ripperger berättade historien om en exorcist som besökte ett hus där konstiga saker rapporterades att hända. Den tidigare ägaren av huset hade skjutit och dödat sin fru på bakgården. När prästen besökte hemmet tittade han runt och hittade ett hagelgevär i området där mordet inträffade. Far säger att "från det ögonblick han tog upp det till det ögonblick han förstörde det gick allt fel i hans liv."[14] Fr. Fortea betonar vikten av att hantera sådana föremål på rätt sätt. I vissa andebesvärjelserm kräks ett förbannat föremål upp av den besatta. Om detta händer får exorcisten inte röra föremålet, och måste bränna det, inte kasta bort det. Om han hanterar föremålet, "bör han fortsätta att be medan han gör det. Hans händer måste tvättas med heligt vatten. Om inte, kan dessa typer av föremål orsaka honom hälsoproblem under en tid."[15]

Det tredje sättet att bli besatt är extremt sällsynt: helt enkelt för att Gud vill det. Ett av få exempel på detta, berättar Fr. Ripperger, involverade en nunna i Iowa. Exorcisten befallde demonen inom henne att avslöja synden som hon hade begått som ledde till besattheten. Demonen erkände att nunnan inte hade begått någon sådan synd. Demonen fortsatte med att säga att det fanns en synd i regionen och Gud ville att gottgörelse skulle göras för den synden. Som ett resultat av den informationen satte de upp en ständig tillbedjan i hela stiftet och på tre dagar befriades hon från demonen.[16]

Gud tillåter besatthet av någon i ett tillstånd av nåd, genom en besvärjelse, till exempel, eftersom, enligt Fr. Fortea, "många gånger är det onda som inträffar i en persons kropp i en besatthet en källa till välsignelser för själen."[17] En kvinna, till exempel, som Fr. Ripperger kände, och som var besatt, uppnådde en stor grad av helighet genom sin kamp mot demonen, till den punkt där hon verkade vara i princip syndfri.[18]

---

[13] Amorth, 37
[14] Ripperger #2
[15] Fortea, 110
[16] Ripperger #2
[17] Fortea, 83
[18] Ripperger #2

Att motstå diaboliskt inflytande

Som vi har sätt kan besatthet endast ske om vi väljer att begå en dödssynd, om vi är offer för, eller förknippade med, en händelse av stort trauma, eller om Gud, i en unik och sällsynt tillåtelse, helt enkelt tillåter besattheten att inträffa. Som ett resultat har vi inget att frukta om vi håller oss nära Vår Herre. Djävulen är aktiv, men han är inte bakom varje dörr eller redo att kasta sig närhelst vi syndar. Trohet mot Kristus och att vända sig till de hjälpmedel han ger oss i sakramenten och sakramentalerna är tillräckligt för att skydda oss. Vid den tidpunkten, om Gud tillät en demon att komma in i ditt liv, skulle du veta hur du skulle svara. Minns här Peters ord,

> "Böj er alltså ödmjukt under Guds starka hand, så att han upphöjer er när tiden är inne, 7och kasta alla era bekymmer på honom, ty han sörjer för er. Var nyktra och vaksamma. Er fiende djävulen går omkring som ett rytande lejon och söker efter någon att sluka. Håll stånd mot honom, orubbliga i tron."[19]

För att lägga till denna betoning på tro, talar St. Johannes av korset om den maktlöshet som djävulen upplever när han konfronterar en själ som är stark i denna dygd. Han säger,

> "När själen färdas iklädd i tron, kan djävulen varken se den eller lyckas skada den, eftersom den är väl skyddad av tron - mer än av alla andra dygder mot djävulen, som på en gång är den starkaste och den mest listiga av fiender.Det är uppenbart att den helige Petrus inte kunde finna något bättre skydd än tro för att rädda honom från djävulen, när han sade: *Cui resistite fortes in fide.*[20] Och för att vinna den Älskades nåd, och förening med Honom kan själen inte ta på sig en bättre väst och tunika, för att tjäna som grund och början till dygdernas andra klädsel, än denna vita trons klädsel, ty utan den, som aposteln säger, är det omöjligt att behaga Gud, och med den är det omöjligt att misslyckas med att behaga honom."[21]

---

[19] Första Petrusbrevet 5:6-9
[20] "Motstå honom, stark i din tro."
[21] *Dark Night of the Soul,* 119

Att Dräpa Drakar

Här är en bild för djävulen som kan driva hem många punkter att komma ihåg. Djävulen, med alla sina demoner, är som en charlatan, en trickster eller en cirkus. Vi får inte låta honom locka oss till sitt uppträdande för, medan han har underverk att visa oss och stora knep att utföra för att roa oss, har han också lejon och andra vilda saker som ska sluka oss, och han fångar själar för att förvandla dom till förvridna freaks från sin natur. Djävulens egendomlighet, nyhet och fara lockar många att ta en titt och se vad allt handlar om. Vid det laget dyker de upp i hans synfält och han blir investerad i att dra in dem helt. Men om vi motsätter oss honom och ignorerar honom och förnekar hans annonser och lockelser, kommer han att packa ihop sin prestation och gå någon annanstans.

Kom dock ihåg att han kommer objuden, och han kan också återvända objuden. Som Vår Herre antyder om djävulen,[22] om han drivs bort, återvänder han med större styrka och hängivenhet till förstörelsens uppdrag. Som ett resultat måste vi vara vaksamma: veta vart han reser, veta vad som lockar honom, känna hans medarbetare, veta vad han föraktar och agera därefter.

Ignorera Djävulen

Djävulen och demonerna, även om de föredrar att gå obemärkta förbi, längtar också efter uppmärksamhet och ära, så det bästa är att ignorera dem. Ignorera dem först och främst genom att älska Gud och förbli i ett tillstånd av nåd. Ignorera dem för det andra genom att avfärda deras förslag och ignorera deras närvaro. Det finns en berömd berättelse om St. Teresa av Avila som visar detta tillvägagångssätt. Hon låg i sängen och kände en andlig närvaro ovanför sig. Hon var rädd att det var Gud och rullade över för att se vem det var. Istället för Gud var det djävulen som hade manifesterat sig ovanför hennes säng. Som svar sa hon helt enkelt: "Åh, det är bara du", och hon rullade om och gick och la sig.

Det bästa du kan göra är att behandla demonerna som dåliga tankar: ignorera dem och ta dig bort från dem. Fr. Ripperger rekommenderar att om du ser något konstigt och tror att det kan vara demoniskt, bara be och gå vidare. Om det fortsätter eller blir

---

[22] cf. Matteusevangeliet 12:45

märkligare, involvera då en präst. Tro inte heller först att det är från djävulen, utan leta efter en naturlig förklaring.[23] Fr. Fortea säger att "Med tanke på karaktären av demonisk frestelse är det bästa botemedlet att be och ignorera frestelsen så mycket som möjligt och göra precis motsatsen till vad som föreslås."[24]

Om demonen inte lyder någon gång i en exorcism, Fr. Ripperger säger att han bara ignorerar dem. Demonerna tycker att detta är irriterande eftersom de vill att deras motstånd ska erkännas och vill att prästen själva ska bli irriterade. Detta är motsatsen till vad Eva gjorde, som misslyckades med att ignorera djävulen, som demonerna var glada över. Det irriterar dem när vi inte följer med.[25]

Johannes av Korset ger oss tydliga råd om hur vi ska reagera på konstiga fenomen, även om vi tror att det kan komma från Gud: ignorera det.[26] Fr. Antonio Moreno, i en artikel om Johannes av korset, säger att även om extraordinära fenomen "ibland kommer från Gud, är de oftare från djävulen."[27] Att ignorera dessa saker är en försiktig väg att ta. Försiktighet är en dygd och vi förolämpar aldrig Gud genom att vara dygdiga. Nyfikenhet kan dock vara en last, och djävulen har lockat till sig många själar, som börjar med Eva, genom denna synd. I detta sammanhang av nyfikenhet för tecken, Fr. Ripperger varnar för att fastna i den karismatiska rörelsen som, som han påpekar, är en "tecken och under-rörelse".[28]

Under loppet av en exorcism är detta råd mycket viktigt för exorcister att följa också. Demonens olika manifestationer används delvis för att distrahera prästen. Demoner känner till prästens svagheter och kommer att försöka "trycka på rätt knapp" för att destabilisera honom. Demonen leker också med prästens sinne i processen, försöker ta bort hans fokus från exorcismen, driva honom till interna överväganden och där, i hans sinne, driva honom till synd. En demons taktik är att ta upp prästens synder och hans brister och svagheter, som demonen känner till.[29] Genom att trycka på dessa knappar försöker demonen att undergräva prästens tro, hopp och kärlek, vilket leder till att han tvivlar på Guds kraft och

---

[23] Ripperger #1
[24] Fortea, 49
[25] Ripperger #7
[26] Ripperger #4
[27] Catholicculture.org/culture/library/view.cfm?recnum=8280
[28] Ripperger #4
[29] Ripperger #1

barmhärtighet, och sakta försvagar honom så att han är oförmögen eller ovillig att utföra exorcismen ordentligt.

Fr. Ripperger berättade en historia om en exorcism där den lokala biskopen hade deltagit, dock inte som den primära exorcisten. Under exorcismens gång slutade demonen att prata med exorcisten och ropade ut biskopen för en synd som han nyligen hade begått. Det demonen sa visade sig vara sant.[30] Fr. Grob säger att demonerna kan ta upp synder som inte har erkänts. "Synden är mörkrets domän", säger han, och "när synden bekänns är den täckt med Jesu dyrbara blod, den tas bort. Men den Onde tittar och observerar. Han ser våra vanor. Han ser våra seder. Han ser vad vi gör."[31]

Mental stabilitet

Synd orsakar skada på oss på alla sätt: fysiskt, intellektuellt och i vår viljas kraft. Synd kan skada och döda våra kroppar. Synd kan träna oss att tro att ondska är bra och gott är ont. Synd kan träna oss att älska och önska det onda, och att avsky och undvika det goda. Synden sårar oss, och dessa sår kan komma till oss genom våra egna synder och genom andra människors synder. St. Louis de Montfort säger att "de faktiska synder som vi har begått, vare sig de är dödliga eller vanliga, även om de är förlåtna, har intensifierat våra basala begär, vår svaghet, vår inkonstans och våra onda tendenser och har lämnat ett sediment av ondska i vår själ."[32] Dessa svagheter och sår blir fokuspunkterna för djävulens frestelser.[33]

Vissa demoner kallas "klängande andar", som fäster vid våra sår och försöker förhindra den läkning som de kräver. Dessa andar kan också fästa sig vid de sår som har kommit genom syndig sexuell kontakt eller känslomässigt kränkande relationer. Förutom att dessa beteenden är en allvarlig synd har dessa beteenden också skapat djupa men ohälsosamma band till människor. Efter att dessa har förts till bikt, och "även om vår synd är förlåten, vill demonerna förhindra djupt emotionellt och andligt helande."[34]

---

[30] Ripperger #2
[31] Fr. Grob video
[32] *True Devotion,* 79
[33] Amorth, 64
[34] Fortea, 95

Att motstå diaboliskt inflytande

Agg och klagomål och vägran att förlåta andra kan förhindra att exorcism fortskrider som de borde. Som Fr. Ripperger påpekar, "alla i himlen har förlåtit alla, men det är tvärtom i helvetet."[35] Om vi hänger fast vid hat får vi demonerna att känna sig hemma, och de kommer inte vilja lämna lika lätt.

Självkännedom är avgörande för andlig hälsa. Detta kräver tro, att bönfalla Gud att upplysa dig, och ödmjukhet, att fullt ut acceptera vad han uppenbarar om dig själv. Självbedrägeri är en lätt sak att glida in i, och det är något som djävulen kan dra fördel av. Vi kan också, genom förekomsten av last i själen, verkligen tro att något som är ont faktiskt är bra och ofarligt, där tvärtom är fallet. Denna kunskap sträcker sig till våra minnen, som kan dröja kvar i vårt sinne i större eller mindre utsträckning. Fr. Ripperger rekommenderar att man ber om glömska och rening av minnet. Demoner kan använda dessa minnen för att påverka vår fantasi, vilket kommer att påverka våra känslor och böjelser, vilket kan vara en grund för synd.[36] Denna glömska kan också bidra till läkning av gamla sår, som är en brännpunkt i djävulens verksamhet i våra liv.

---

[35] Ripperger #6
[36] Ripperger #3

+ Det finns många heliga traditioner i vår tro som människor är mer eller mindre omedvetna om idag men som exorcister ser och lär oss är värdefulla källor till andlig styrka.

+ Det finns tre sätt på vilka en person kan bli besatt, vart och ett beroende på Guds tillåtelse: dödssynd, allvarligt trauma och genom Guds vilja.

+ Demoner fäster sig vid människor, saker och platser när oordning introduceras. Detta inkluderar övergrepp och trauma. Dessa är grava sår som demonerna försöker utnyttja.

+ Tro och ett seriöst fokus på Gud är tillräckligt för att skydda oss mot besatthet och allvarligt diaboliskt inflytande.

+ På alla sätt är det bäst att ignorera djävulen, oavsett om det är i vanliga frestelser eller extraordinära manifestationer. Om något fortsätter eller blir allvarligare, engagera då en präst.

+ Synd och laster skadar oss och skapar sår, som är bördor som destabiliserar oss och gör oss mer sårbara för diaboliska influenser.

+ Det är viktigt att vara ärlig om våra svagheter och att söka läkning av vårt förflutna och våra laster för att kunna fortsätta mer stadigt i det andliga livet.

Kapitel Tio

Att skydda ditt andliga liv

*Gud, säger Origen, är mer angelägen om vår frälsning, än vad djävulen är
för vår förtappelse; ty Herren älskar våra själar mycket mer än djävulen
hatar dem.*[1]

Dessa ord, som förmedlas till oss i den helige Alphonsus
Liguori's skrifter, manar oss mot de rikliga medel som Vår Herre har
gett oss genom sin kyrka, genom vilka vi desto säkrare kan uppnå
vår frälsning. Dessa medel är vapen i en andlig strid som vi
rekryterades för vid vårt dop. "Kristna", som påven Leo XIII starkt
bekräftar, "föds för strid."[2] Ju mäktigare vi kämpar, desto säkrare
kommer vi att triumfera. Hör också en annan förmaning från den
helige Alphonsus på denna punkt, när han säger: "Kom ihåg att du
nu mer än någonsin måste förbereda dig för konflikter, eftersom dina
fiender, världen, djävulen och köttet, kommer att beväpna sig nu mer
än någonsin att kämpa mot dig för att beröva dig allt som du har
förvärvat."[3] Sålunda måste vi skydda de stora nådens skatter som
Vår Herre så generöst har skänkt oss.

Fr. Ripperger säger att när Gud skänker helgande nåd åt någon,
så skyddar han denna nåd med verkliga nåder.[4] Han ser det som
något som Han garanterar, och förväntar sig, en avkastning från.
Detta framgår tydligt av liknelsen om talangerna.[5] Som ett resultat
försöker Han säkra den nåd han ger, att den inte skulle återvända
utan att bära frukt. Isaias beskriver Guds ord på ett liknande sätt:

> "Liksom regn och snö faller från himlen
> och inte vänder tillbaka dit
> utan vattnar jorden,

---

[1] *Preparation for Death,* 99
[2] Påve Leo XIII, *Sapientiae Christianae,* 14
[3] *Preparation,* 312
[4] Ripperger #7
[5] Matteusevangeliet 25:14–30

får den att grönska och bära frukt,
och ger säd att så och bröd att äta,
så är det med ordet
som kommer från min mun:
det vänder inte fruktlöst tillbaka
utan gör det jag vill
och utför mitt uppdrag."[6]

Guds ord är vår Herre och den nåd han skänker är hans eget gudomliga liv. Därför ska det han har skänkt oss inte återvända till honom tomt, utan "skall ha framgång i det som [Han] har sänt det för", och därmed uppfylla hans vilja.

Så länge vi förblir i ett tillstånd av nåd, kommer vi att skyddas av Vår Herre. Detta är hans löfte. Han säger: "Om någon älskar mig bevarar han mitt ord, och min fader skall älska honom, och vi skall komma till honom och stanna hos honom."[7] Med den välsignade treenigheten som bor inom oss kan ingenting störa oss . Detta är vad St. Teresa av Avila förmedlar i sin berömda bön:

Låt ingenting störa dig,
Låt ingenting skrämma dig, allt går förbi:
Gud förändras aldrig.
Tålamod ger allt.
Den som har Gud saknar ingenting;
Gud ensam räcker

Det kritiska arbetet är alltså att förbli i ett tillstånd av nåd och under Guds beskydd, så att vi alltid kan leva i denna plats av frid. När vi kliver ut från Guds skydd är vi inte längre skyddade utan har då utsatt oss för många faror. Vi måste vara seriösa i vår hängivenhet till lydnad mot Kristus. Halvhjärtadhet kan leda till att leva ett liv med goda avsikter men brist på uppföljning. "Goda avsikter", som fr. Fortea uttrycker det, "är ingenting värda; Guds lag är objektiv och måste följas."[8]

---

[6] Isaias 55:10-11
[7] Johannesevangeliet 14:23
[8] Fortea, 108

Demoner är rovdjur, som Fr. Ripperger förklarar.[9] De strövar omkring och letar efter det svagaste och lättaste bytet. Som när en gepard jagar en gasell, tar den ner den den lättast kan förvärva, som vanligtvis är den långsammaste eller den som ligger närmast dess fara, så förföljer också en demon dem som är närmast på sin egen väg. Dessa är de andligt sårade och andligt haltande, som är okunniga om den medicin som kyrkan tillhandahåller eller som söker sanning utanför Kristus. Som Fr. Thomas uttrycker det, när någon öppnar sig för att söka svar genom det ockulta, "kan en varelse komma för att den luktar blod."[10]

För att undvika detta rovdriftsbeteende är en av de saker vi måste göra att låta Vår Herre hela oss. Dessa sår och svagheter kan och måste helas genom vår Herre Jesu Kristi nåd som flödar genom hans kyrka. När Vår Herre tillät sig själv att dödas, gjorde han det i uppfyllelse av Isaias profetia som sade: "genom hans sår blir vi helade."[11] Det är alltså Kristi lidande och sårande som fullbordade vårt helande och vår frälsning. De sår genom vilka han utgjutit sitt dyrbara blod förtjänade ett fullständigt och fullständigt helande för oss: fysiskt, psykologiskt, andligt och moraliskt. St. Gregory Nazianzus sa: "Det som inte har antagits har inte blivit helat." Vår Herre antog hela vår mänskliga natur. Därför är det möjligt för oss att komma till ett totalt och fullständigt helande genom Honom.

När detta helande kommer till stånd kommer det bokstavligen blockera demonerna från att fästa vid oss. Läkemedlet kommer med nödvändighet att ske som ett resultat av en ökad tro och hängivenhet till Vår Herre. Detta är den kurs som många av de stora helgonen har tagit, som gick omkring och försökte läka och övervinna deras kötts oordnade passioner. Efter denna seger blev de djävulens stora fiender som vi vet att de är.

Fr. Amorth säger: "Demonen håller sig på avstånd från den som vårdar hans tro, som tar emot sakramenten och som vill leva hängivet."[12] Denna uppgång i helighet, som ett förlitande på Kristus kommer att medföra, kommer att öka effektiviteten hos vår andliga krigföring. Kyrkans fäder nämnde ofta under de tre första århundradena av kyrkan, att lärjungarna hade makten att driva ut

---

9 Ripperger #7
10 Fr. Thomas #2
11 Isaias 53:5
12 Amorth, 21

demoner. Ett stort antal av dessa var munkar, som St. Benedictus, vars effektivitet mot ondska härrörde från deras askes och helighet.[13] Enligt kyrkans regler vid den tiden var exorcism ännu inte begränsade till präster som arbetade med biskopens auktoritet.

Allmänna skyddsmedel

Låt oss nu vända oss till de rikliga råd som präster och exorcister ger för att skydda våra andliga liv och göra enklare framsteg längs vägen till frälsning. En viktig anmärkning här, som nämnts tidigare, är att dessa präster och exorcister är genomsyrade av kyrkans traditioner och har gjort det andliga arbete som är nödvändigt för att avslöja trons uråldriga rikedomar som har blivit otydliga för oss i denna nuvarande tidsålder av Kyrkan. Som ett resultat kommer en del av de saker de ger råd att verka främmande för oss, eller så kanske vi tror att de är gammal vidskepelse som fördömdes av den moderna kyrkan. Ändå är de autentiskt katolska.

Jag har själv bearbetat dessa tankar. Efter att ha återvänt till tron för nästan tjugo år sedan, har jag varit i en oändlig process av att lära mig trons sanningar från kloka och lärda präster. Vi måste vara försiktiga med hur vi utvecklar vår övertygelse och alltid hålla oss till Kristi heliga Brud, och på så sätt förbli helt fästa vid vinstocken, som är Kristus. Detta är en ansträngning som alltid har funnits i de kristnas liv. Till och med under den apostoliska tidsåldern gavs dessa varningar, vilket framgår av Paulus förmaning till Timoteus:

"Jag besvär dig vid Gud och Kristus Jesus, som skall döma levande och döda, jag besvär dig vid hans ankomst och vid hans rike: förkunna ordet, träd upp i tid och otid, vederlägg, tillrättavisa, vädja — tålmodigt och med ständig undervisning. Det kommer en tid då människorna inte längre vill lyssna till den sunda läran utan skaffar sig den ene läraren efter den andre, därför att det kliar i dem att få höra sådant som de önskar. De slår dövörat till för sanningen och vänder sig till legenderna. Men håll alltid huvudet kallt, var beredd

---

[13] Amorth, 98

> att slita ont, gör vad som åligger en förkunnare och
> fullfölj din tjänst."[14]

Det är varje katoliks arbete att urskilja väl för att inte följa efter de lärare som har anställts för att undervisa om doktriner om myter och fabler, i glömska av sanningarna som överlämnats av Vår Herre och hans apostlar.

Exorcister är mycket förstående och empatiska mot människor som har att göra med diaboliska influenser. De vet att människor lider intensivt med dessa problem och deras iver att hjälpa förstärks av denna medkänsla. De är också mycket fokuserade när de ger råd och vägledning. Exorcister tar mycket tid med en person som kommer för att se dem för att korrekt diagnostisera, inte bara om det är ett medicinskt eller andligt problem, utan vad är det andliga problemets exakta natur. Demoner kan komma in genom en synd, men sedan väcka passionerna och driva en person intensivt mot en annan synd. Ofta kan personen inte se vilken synd som är det sanna problemet, men exorcisten kan. Som ett resultat är exorcistens ansträngningar inriktade på en så exakt andlig krigföring som möjligt.

Tillstånd av nåd

Den första och mest kritiska biten i vår andliga rustning, i ansträngningen att motstå diaboliska influenser, är att vara, och alltid förbli, i ett tillstånd av nåd. Som Fr. Ripperger uttrycker det: "Fall aldrig i dödssynd någonsin!"[15]

Demoner gillar inte att engagera sig i oss om vi är i ett tillstånd av nåd. Som nämndes tidigare har Gud investerat sin nåd i oss och han kommer att skydda den. Nådens tillstånd förtjänar också skydd för oss på grund av vår trohet mot hans förbund. I det tillståndet är Vår Herre mycket benägen att bevilja våra önskningar om skydd. När vi lämnar nådens tillstånd är inte det skyddet något som Han sedan har lovat att ge, eftersom vi har stött bort Honom. Lidande, som ett resultat av synd, är ett medicinskt straff som kan användas för att föra oss tillbaka och lära oss att ta synd på allvar.

---

[14] 2 Timoteusbrevet 4:1-5
[15] Definitionen av dödssynd ges på sida 44. Se även Ripperger #1

Det är viktigt att leva ett bra katolskt liv. Detta inkluderar bland mycket annat mässan och veckovis eller månadsvis bikt. Detta kommer att upprätthålla och stärka själen i ett tillstånd av nåd. Fr. Fortea säger att när vi är i ett tillstånd av nåd, är vi en "obehaglig boning för en demon."[16] Fr. Amorth säger: "Djävulen är lugnare om han inte behöver leva med bön, fasta, eukaristin och andra sakramentala sedvänjor."[17]

Om vi lever ett normalt, gott katolskt liv, är oddsen att bli djävulskt påverkade mycket låga, även om det fortfarande kan hända.

De som separerar sig från tron är mer utsatta för farorna med djävulens verksamhet, eftersom deras själar är mer välkomnande för honom.[18] På liknande sätt, när dödssynd begås i ett hus, ser demonerna detta som en inbjudan att bo där. Denna inbjudan måste sedan formellt återkallas och ersättas med den allsmäktige Guds välsignelser.[19] Det är så generationsandar kommer in i familjer, särskilt genom fadern, men också genom vilken familjemedlem som helst. Demoner riktar sig mot fadern som familjens överhuvud, och de riktar sig mot modern, som de först gjorde med Eva, genom vilken de också kan komma in i hemmet.

När Adam valde att äta den förbjudna frukten och lyssna på Satan, inledde han en relation med honom och gav över åt Satan sin egen auktoritet. Detta förde Adam, och oss alla, i träldom och slaveri under den Onde. Närhelst vi flyttar bort från Gud och godhet, knyter vi ett band med det onda. Dessa kopplingar ger demonerna rätt att agera på oss och i våra liv.[20]

Befrielse från det onda, både vad gäller närvaron av demoner i våra liv, och böjelsen till ondska i våra själar, är målet för det kristna livet. Bönen som Vår Herre lärde oss slutar med raden "Befria oss från det onda", men kan också översätts som "Befria oss från den Onde."

Fr. Amorth ser Vår Herres uttalande, " i mitt namn skall de driva ut demoner,"[21] som tillämpligt på självbefrielse. För att detta ska ske måste det dock förenas med "att leva ett liv i nåd,

---

[16] Fortea, 68
[17] Amorth, 67
[18] Amorth, 67
[19] Fr. Martins video
[20] Fr. Martins video
[21] Markusevangeliet 16:17

sakramenten, förtroende till Marias och de heligas hjälp och att vi ber med tro."[22] Befrielse är en gåva från Gud. Fr. Amorth säger, "För att befria sig själv är det nödvändigt att leva i Guds nåd, att förlåta den som har gjort det onda, att utrota laster och att bryta de mänskliga band som håller honom nära den Onde."[23]

Bikt

Som en del av det nådens liv måste frekvent bikt vara central. Fr. Ripperger säger att bikten "är en av de mest effektiva sakerna för att avvärja eller bryta demoniskt inflytande."[24] Om en man försöker övervinna en dödssynd, bör han gå till bikt varje vecka. Om han försöker undvika dödssynd bör han gå minst en gång i månaden.[25] Fr. Amorth tillägger att bikten, som ett sakrament, är mer effektivt än en exorcism, som bara är en sakramental.[26] Vidare, säger Fr. Fortea: "Exorcism driver bara ut en demon från ens kropp; bikt driver ut ondska från ens själ."[27] Den helige Alphonsus Liguori säger angående bikten: "I huset som ofta sopas finns ingen orenhet."[28] Bikten renar inte bara själen genom syndernas förlåtelse, den ger också hjälp att motstå frestelser i framtiden.

Den helige Alphonsus berättar om helvetets evighet i relation till behovet av bikt och avsikten att omforma sitt liv. Han säger,

> "I de andliga övningarna av Fader Paul Segneri, skriven av Muratori, berättas det att en djävul i en besatt mans kropp i Rom tillfrågades hur länge han skulle stanna i helvetet, och började då slå sin hand mot en stol och svarade i raseri: "För evigt, för alltid!" När de hörde denna stora predikan med två ord, för evigt, för alltid, gjorde många elever från det romerska seminariet, som var närvarande, en generalbikt och förändrade sina liv."[29]

---

[22] Amorth, 109
[23] Amorth, 87
[24] Ripperger #3
[25] Ripperger #4
[26] Amorth, 87
[27] Fortea, 70
[28] *Preparation for Death*, 322
[29] *Preparation for Death*, 280

Fr. Ripperger rekommenderar att du uppmärksammar de synder som kan motivera och leda till de synder du biktar, eftersom dessa kan vara viktigare än de du lättare märker. Han rekommenderar också och upprepar påven Leo X:s lära att bikta hela ditt livs synder för att göra gottgörelse och hålla sig borta från dem i framtiden. Han säger, "Exorcister noterar att bekänna defekten, även med den synden, lugnar den så att den inte kan fungera." Han varnade också för att många präster kan motstå din önskan att göra detta, men det är verkligen en bra sak att göra.[30]

Eukaristin

Förutom att gå till mässan på söndagar och heliga obligatoriska dagar, som är bindande under dödssyndens smärta, bör vi också gå till mässan så ofta som möjligt, eftersom eukaristin verkligen ger andlig styrka. Konciliet i Trent hänvisar till eukaristin som den medicin som befriar oss från mindre synder och bevarar oss från dödssynder.[31] Fr. Fortea säger: "Vår kropp är som ett hem eller tält där han kommer för att bo. Ingenting förstör demoniskt inflytande mer kraftfullt än ett värdigt mottagande av Kristi kropp."[32]

Helige Alphonsus Liguori förser oss med flera bilder, från de stora helgonen och kyrkans doktorer, som bör väcka vår önskan att ta emot Vår Herre i eukaristin så mycket som möjligt. St. Rose of Lima, säger han, när hon tog emot Vår Herre i eukaristin, kände det som om hon tog emot solen, vars strålglans sedan strömmade ut från henne. Johannes Chrysostomos sa att "eukaristin är en eld som uppflammar oss, så att vi, likt lejon som andas eld, kan dra oss tillbaka från altaret och göras fruktansvärda för djävulen." Denna eld, tillägger den helige Alfonsos, är en kärleksflamma som uppflammar själen så intensivt att "att andas sådana lågor av kärlek ... djävulen ska inte längre våga fresta oss."[33]

Låt oss slutligen lyssna till den helige Frans av Sales visdom i hans råd om varför det är viktigt för alla att ta emot eukaristin ofta:

---

[30] Ripperger #10
[31] *Preparation for Death,* 323
[32] Fortea, 68
[33] *Preparation for Death,* 358

"Om människor frågar varför du tar emot kommunion så ofta, säg till dem att det är för att du ska kunna lära dig att älska Gud, så att du kan bli renad från ofullkomlighet, befriad från problem, tröstad i lidande, stärkt i svaghet. Säg till dem att det finns två typer av människor som behöver frekvent eukaristi - de som är perfekta, eftersom de är redo, och skulle därför åklagas om de inte kom till själva källan och fontänen till all perfektion, och de ofullkomliga, för att de kan lära sig hur man blir perfekt; de starka för att de inte ska bli svaga och de svaga för att de ska bli starka, de sjuka för att de ska bli helade och de friska för att de inte ska bli sjuka. Säg till dem att du, ofullkomlig, svag och sjuk, ofta behöver kommunicera med din Perfektion, din styrka, din läkare. Säg till dem att de som bara är lite engagerade i världsliga angelägenheter bör kommunicera ofta, eftersom de har fritid, och de som är hårt pressade med affärer, eftersom de är så mycket i behov av hjälp; och han som är hårt arbetade behöver frekvent och rejäl mat. Berätta för dem att du tar emot det heliga sakramentet så att du kan lära dig att ta emot det bättre; man gör sällan det väl som man sällan gör. Därför, mitt barn, kommunicera ofta, - så ofta du kan, med förbehåll för din andliga Faders råd. Våra fjällharar blir vita på vintern, därför att de lever i och livnär sig på snön, och genom att tillbedja och livnära sig på skönheten, godheten och renheten i detta högst gudomliga sakrament kommer du också att bli ljuvlig, helig, ren."[34]

I en exorcism kommer prästen ibland att ge eukaristin till de besatta innan riten börjar. Fr. Thomas säger att när han har gjort detta har han ibland sett intensiva reaktioner från demonen. Han säger, när han presenterar eukaristin för de besatta, "Jag har haft människor där de har velat skjuta ut genom fönstret på grund av kraften i den verkliga närvaron."[35]

---

[34] *Devout Life*, 83
[35] Fr. Thomas #2

Förutom bekännelse och eukaristi måste vi ta emot alla sakrament som är tillgängliga för oss och ofta ta emot de som kan upprepas. Det är också viktigt att ta emot något sakrament som du kan ha missat under det normala förloppet. I en exorcism, till exempel, Fr. Ripperger hjälpte någon som, det upptäcktes, aldrig hade fått tagit emot konfirmationens sakrament. Personen konfirmerades sedan och det skedde en drastisk minskning av styrkan hos den demon som var i besittning av personen.[36]

Ödmjukhet

"Gud står emot de högmodiga, men de ödmjuka visar han nåd."[37]

Demoner kan inte uthärda ödmjukhet.[38] Gud, å andra sidan, gynnar de ödmjuka. Vi ser båda dessa verkligheter i den heliga jungfru Marias liv. Den ödmjuka mannen kommer att svara på Guds maningar, vilket gör det möjligt för Gud att stoppa demonens ansträngningar mot mannen. De stora helgonen prisar alla ödmjukhetens dygder. Det sägs att St. John Vianney, en man känd för sin ödmjukhet, såg djävulen som sade till honom: "Om det fanns tre sådana präster som du, skulle mitt rike vara förstört." Tvärtom, Gud kan inte arbeta med mannen som är stolt och som tror att han kan göra vad han vill och som inte har någon hänsyn till sina begränsningar och svagheter. Som Fr. Ripperger säger, "Stolthet blockerar Guds förmåga att arbeta genom oss."[39]

Bön och meditation

"Den som håller för sina ögon de eviga sanningarna - döden, domen, evigheten - kommer inte att falla i synd."[40]

Ett regelbundet liv i bön och meditation[41] är både ett krav på rättvisa och ett nödvändigt instrument för att uppnå den styrka och

---

[36] Ripperger #7
[37] Första Petrusbrevet 5:5
[38] Ringhet som kommer från sann självkännedom och lydnad till Guds lag.
[39] Ripperger #1
[40] *Preparation for Death*, 323

stabilitet som krävs för att undvika och ta bort demoniska influenser.[42] Vi måste ge Gud dyrkan som krävs av den gudomliga lagen. Detta är inte en yttre nödvändighet utan motsvarar vår andliga natur. Utan en koppling till Vår Herre kommer vi att dö andligt. I detta tillstånd av att dö är vi ett lätt byte för demonerna.

Demoner attackerar oss på intellektets nivå och det är där bönen förekommer.[43] Fr. Fortea säger att eftersom bön får våra intellekt och vilja att fokusera på Gud, blockerar den demonerna från att fresta oss. Han tillägger, "Till slut kan en demon inte uthärda detta och lämnar oss ifred."[44] Bön och meditation stärker oss alltså i denna andliga krigföring. Demoner gillar inte att ge sig på människor som ber eftersom bön gör personen mer känslig och mycket mer benägen att känna igen deras aktivitet. Fr. Ripperger säger att om de vågar ta sig an den typen av personer, kommer de sannolikt att få stryk och bli förödmjukade. Han tillägger, "Gud kan fortfarande tillåta det, men de kommer inte att vinna."[45]

Demoner kan inte tolerera att vara kvar i en person när de ber. Effekterna av bön på personen gör dem till en mindre lämplig bostad för demonen. I meditation upplyser Gud oss, "talar till oss och gör känt för oss vad vi ska undvika och vad vi ska göra."[46] Bön lugnar ner känslorna och ordnar själens förmågor så att vi bättre kan lägga märke till och svara på Guds maningar. Människor som utövar daglig meditation kan urskilja nådens subtiliteter och, som Fr. Ripperger säger, "kan urskilja om något kommer genom känslor eller genom nåd."[47] Det kommer så småningom att bryta allt grepp som demonen kan ha på personen, som till exempel med diaboliskt tvångssyndrom. Demonerna är mindre benägna att attackera någon som ber, men som Fr. Ripperger säger att demoner "inte tål att bli besegrade, men de är tvångsmässiga och vill straffa oss", så de fortsätter att försöka.[48]

---

[41] Denna bön är enligt den heliga Teresa av Jesus "ett vänskapligt umgänge och förtroliga samtal i ensamhet med den vi vet älskar oss."

[42] Ripperger #7

[43] Bön lyfter våra hjärtan till Herren och är, liksom trons gåva, en intellektuell handling som endast kan göras genom Guds nåd.

[44] Fortea, 51

[45] Ripperger #7

[46] *Preparation for Death*, 323

[47] Ripperger #9

[48] Ripperger #1

Om det finns ett djävulskt inflytande i en persons liv, kan bön få det till ytan eller driva ut demonen helt, beroende på graden av diabolisk aktivitet.[49] Dessa demoner kan ha gömt sig i personen under en tid men har gått obemärkt förbi eftersom de inte var hotade av nåd. Ett nytt eller förnyat böneliv hotar deras bostad i personen så att de antingen lämnar eller börjar manifestera sig.[50] Det är möjligt att personen endast då och då märkte av en störning innan i det förflutna. Fr. Amorth säger att heliga platser, som Marian-helgedomar, såväl som reträtter, processioner och eukaristisk tillbedjan, kan vara ögonblicket då personen inser att besattheten är närvarande. Även om det är oroande i det ögonblicket, är det, som fr. Amorth säger, verkligen en gåva från Gud eftersom "endast genom att känna till sjukdomen kan man ingripa."[51] Dessa heliga platser kan också ge många befrielser från onda andar helt enkelt genom att vara närvarande på den avskilda platsen. Fr. Amorth berättade en liknande berättelse om St. John Bosco som befriade en flicka från en demon helt enkelt genom att gå in i kyrkan klädd i heliga liturgiska kläder för att fira mässan.[52]

Helgon och exorcister rekommenderar vissa böner framför andra på grund av hängivenhetens effektivitet. Först och främst är rosenkransen. Från dess början har rosenkransen varit effektiv för att omvända kättare, driva bort demoner, erhålla mirakel och öka heligheten för alla som ber den med hängivenhet. Det är inte bara kraftfullt på dessa sätt, det är det bästa verktyget för meditation och bör bes dagligen. Den helige Alphonsus säger att femton minuters bön om dagen är tillräckligt för att uppfylla den moraliska skyldigheten att be varje dag. En uppsättning rosenkrans mysterier är ett idealiskt sätt att uppfylla denna skyldighet.

Fr. Amorth rekommenderar Rosenkransen som "en extremt kraftfull vapen mot djävulen", till nytta för alla som lider av en andlig ondska. Han säger att rosenkransen har "en stark kraft av skydd och befrielse från det onda", en kraft så stor, som avslöjats av syster Lucia, att "det finns ingen ondska som inte kan besegras genom att den reciteras med tro."[53] Fr. Ripperger påminner oss om

---

[49] Ripperger #7.
[50] Fr. Thomas #2
[51] Amorth, 69
[52] Amorth, 22
[53] Amorth, 123

136

att Rosenkransen var en uppskattad bön från Padre Pio. Han sa att rosenkransen är vapnet mot ondskan. Det kommer att skydda den som ber den troget och kommer att hjälpa till att driva ut djävulen.[54] Fr. Fortea tillägger: "Om en person ber rosenkransen dagligen och ber Gud att skydda honom från den Ondes alla snaror, har han inget att frukta."[55]

Helgonen har i sina skrifter betonat hur Vår Fru många gånger har visat sig för helgon för att övertyga dem om kraften hos bara en bedd Var Hälsad Maria. St. Louis de Montfort, känd för sin djupa och insiktsfulla hängivenhet till Vår Fru, säger följande om Var Hälsad Maria bönen:

> "När Var Hälsad Maria är väl sagt, det vill säga med uppmärksamhet, hängivenhet och ödmjukhet, är det, enligt de heliga, Satans fiende som driver honom på flykt; det är hammaren som krossar honom, en källa till helighet för själar, en fröjd för änglarna och en ljuv melodi för de fromma."[56]

St Louis de Montfort rekommenderar också att man ber Vår Frus Magnificat.[57] Han berättar om en annans skrifter där det sägs att många mirakel har utförts genom denna bön. Han säger: "Djävlarna flyger när de hör dessa ord: "Han gör mäktiga verk med sin arm, "Han skingrar dem som har övermodiga planer."[58]

Sakramentalier

> *"Vår heliga moder kyrkan har instiftat sakramentalier. Dessa är heliga tecken som i likhet med sakramenten betecknar en andlig verkan, som uppnås i kraft av kyrkans förbön. Genom dessa tecken förbereds människorna att få del av sakramenten och helgas livets olika omständigheter."[59]*

---

[54] Ripperger #7
[55] Fortea, 25
[56] *True Devotion*, 253
[57] Lukasevangeliet 1:46-55
[58] *True Devotion*, 255
[59] KKK 1667

Användningen av sakramentaler i andlig krigföring är mycket effektiv, eftersom de, när de används, utövar den specifika välsignelse som den Heliga Moder Kyrkan ger dem. Demonerna urskiljer närvaron av denna välsignelse och interagerar med sakramentet som en soldat mot en fiendes vapen. Fr. Thomas säger att "vi underskattar kraften i våra sakrament och våra sakramentaler." Han tillägger att dessa kan vara "triggerpunkter" och "orsaka att demonen blir hotad" och agerar och avslöjar sig själv.[60]

De sakramentala som rekommenderas av präster och exorcister inkluderar saker som medaljer, statyer, skapulärer, heligt vatten, helig olja, välsignat salt, välsignade ljus, heliga bilder och heliga reliker.

Medaljer

Även om det finns många medaljer som används inom kyrkan, finns det två som starkt rekommenderas. Den första är St. Benedictus-medaljen, som är särskilt effektiv. Det är viktigt att få denna medalj välsignad enligt den gamla riten med den fulla exorcism som är lämplig för denna medalj. Denna medalj kan bäras med skapulären. Fr. Ripperger rekommenderar att ha dem i huset för att lägga till ytterligare skydd. Det vanliga tillvägagångssättet är att begrava dem i de fyra hörnen av din fastighet. Dessutom, om det finns problem som är oroande, rekommenderar han att man placerar en medalj över varje ingång till huset. Av någon anledning, även om de är fria att gå dit de vill, noterar exorcister att demoner är tvungna att iaktta de fysiska lagarna i viss utsträckning, vilket är anledningen till att välsignelser på ingångsvägar är effektiva. Demoner kan också störa tekniken, som exorcister har observerat. Om din dator, din bil, eller något, beter sig konstigt på ett oförklarligt sätt, placera en St. Benedictus-medalj där.[61]

Fr. Amorth säger att det är viktigt att åberopa den helige Benediktus, som är skyddshelgon för exorcister, och vars stora förmågor mot onda andar flödade från hans helighet och tro.[62] Fr. Weber påpekar att de flesta exorcister använder St. Benedictus krucifix under exorcismen, och det rekommenderades för honom i

---

[60] Fr. Thomas #2
[61] Ripperger #4
[62] Amorth, 108

sin träning att han också skulle göra det. Medaljen har en exorcismbön inskriven, med initialer och på latin.[63] Bönen lyder:

> Må det heliga korset var mitt ljus;
> Låt inte draken vara min guide.
> Försvinn Satan!
> Fresta mig aldrig med din fåfänga!
> Det du erbjuder mig är ont.
> Drick giftet själv!

När dessa medaljer välsignas, exorcieras de först med bland annat följande ord: "Må all makt hos motståndaren, alla Satans angrepp och anspråk, slås tillbaka och drivas bort från dessa medaljer." När prästen vädjar om välsignelsen från Vår Herre, ber prästen Gud inte bara att de som bär denna medalj "med din barmhärtiga hjälp ska slippa alla djävulens angrepp och lister", utan också att Gud skulle "driva ut alla djävulens angrepp och lister från personen som hängivet åkallar Ditt heliga namn och använder dessa ord och tecken som tillskrivits Dig. Må det behaga Dig att leda honom (henne) till den eviga frälsningens hamn."[64]

Den andra medaljen som rekommenderas starkt av exorcister, som Fr. Ripperger, är den mirakulösa medaljen. Denna medalj, trogen ursprunget till sitt populära namn, är bra på att åstadkomma en persons omvändelse, ofta på ett mirakulöst sätt. Den är också bra för att erövra onda saker på en viss plats.[65] Slutligen, även om det inte är en medalj, är den bruna skapulären en kraftfull sakramental som också uppmuntras starkt. Vår Fru lovar många andliga fördelar till dem som bär skapulären på det sätt hon kräver.

Välsignat Salt

En del av välsignelsen av heligt vatten, i den traditionella formen, inkluderar exorcismen av salt och placeringen av det exorcerade saltet i vattnet. Detta salt kan också användas ensamt, separat från det heliga vattnet. Den bär med sig en mycket stark välsignelse. Det är viktigt att få saltet välsignat enligt den

---

63 Fr. Weber video
64 *Roman Ritual*, Sanctamissa.org
65 Ripperger #4

traditionella formen.[66] Detta exorcerade salt kan stänkas på en plats på samma sätt som heligt vatten stänks. Fr. Amorth nämner att välsignat salt placeras i hörnen av rum där det finns misstänkt diabolisk hemsökelse.[67]

Välsignat salt kan också användas i mat, men det bör strö på maten först efter att maten har tillagats.[68] Präster som är kaplaner i katolska skolor välsignar ofta allt salt i byggnaden. Fr. Ripperger delade med sig av en berättelse om att när han besökte ett visst seminarium välsignade han allt salt på den platsen. Dagen efter beslutade två seminarister, som de var oroliga för, att lämna. Han var inte säker på att det fanns ett direkt samband, men det skedde i den ordningen.[69]

I den romerska ritualen exorseras saltet först, under vilket prästen säger: "Jag driver ut demonen från dig, av den levande Guden, av den sanne Guden, av den helige Gud, av Gud som befallde dig att kastas in i vattenkällan av Elisa för att hela den från dess karghet." Saltet blir "en medicin för kropp och själ för alla som använder sig av det". Saltet är också välsignat med makt mot den Onde. Exorcismen säger: "Må alla onda fantasier hos den fula djävulen, hans illvilja och list, drivas bort från den plats där du är beströdd." Efter exorcismen välsignas saltet med liknande ord, inklusive: "Må allt som det rör eller stänker befrias från orenhet och all påverkan från den onde anden."[70]

Heligt Vatten

Heligt vatten är en välkänd och mycket använd sakramental. Det finns vid ingången till varje katolsk kyrka, det stänks på folket under söndagsmässorna i påsken och används som medel för att ge välsignelser till olika föremål. Det är också avgörande i exorcismens ritual och som ett vapen för allmän andlig krigföring. Det rekommenderas att använda heligt vatten välsignat i den traditionella formen, eftersom välsignelsen i den moderna formen är kraftigt reducerad jämfört med den traditionella formen. Detta är

---

[66] Det fattas mycket i den nya välsignelsen av salt som finns i den traditionella.
[67] Amorth, 111
[68] Detta sagt för att undvika att heligt salt slängs i soporna.
[69] Ripperger #7
[70] *Roman Ritual,* EWTN.com

viktigt eftersom det är just den välsignelsen som läggs på vattnet som stannar med vattnet och sedan ges till den plats där det stänks.

Som Fr. Ripperger beskriver det, heligt vatten, med hjälp av den nya välsignelseriten, har kapacitet att driva ut demonen, även med en enkel välsignelse, men inte i samma utsträckning. Den gamla riten av välsignelser skapar heligt vatten som är mycket mer effektivt, och exorcister har märkt detta. Ännu mer effektivt är trettondagens vatten, som välsignas en gång om året på trettondagen och, efter en utarbetad välsignelse som tar cirka fyrtio minuter, har en dubbel exorcismvälsignelse på sig. Fader rekommenderar att man sprider heligt vatten regelbundet i hela huset, särskilt om det finns tonåringar i huset. Veckovis eller månadsvis är en tillräcklig frekvens.[71]

Heligt vatten kan konsumeras av dem som har problem som speciella frestelser, tvångstankar eller ägodelar, och kan hjälpa till med sjukdomar som inte verkar ha någon naturlig orsak. Det är viktigt att det heliga vattnet som konsumeras är färskt. I en församling sitter det heliga vattnet som är tillgängligt för de troende vanligtvis ute under en lång tid. Om du vill skaffa heligt vatten för att konsumera det, är det bäst att ta med färska flaskor med vatten till prästen så att han kan välsigna. Heligt vatten är också användbart i de fall då besattheten är kopplad till intag av förbannad mat. Personen kan krampa och spotta tjock saliv under exorcismen om så är fallet. Att konsumera heligt vatten, välsignat salt och välsignad olja kommer då att vara till hjälp för personen.[72]

Det finns många sätt att de troende kan använda heligt vatten. De kan strö det i sina hem och på sina ägodelar, särskilt på allt nytt som kommer in i hemmet. De kan strö det i och på sina bilar för att förnya den välsignelse som prästen förhoppningsvis redan har lagt på den. Präster rekommenderar också att du välsignar dig själv med heligt vatten innan du lägger dig. Om du har haft några dåliga drömmar, särskilt om de verkar ha haft en djävulsk komponent, rekommenderas att du stänker heligt vatten på ditt huvud och dina sinnen innan du somnar.[73]

---

[71] Ripperger #4

[72] Amorth, 67

[73] I samband med detta kan du be en väldigt bra och användbar bön som på engelska heter "Commission of the Care of Soul and Body." Den finns i Fr. Ripperger's *Deliverance Prayers for Use by the Laity.*

Att Dräpa Drakar

St. Teresa av Avila använde ofta heligt vatten i sina kamper med djävulen. I sin självbiografi beskriver hon hur hon, efter att några av hennes nunnor "stänkte en hel del heligt vatten", "såg en stor skara [djävlar] springa iväg lika snabbt som om de skulle kasta sig nerför en brant plats."[74] Hon ger oss också en anmärkningsvärd passage om hennes tillit till denna kraftfulla sakramental. Hon säger,

> "Av lång erfarenhet har jag lärt mig att det inte finns något som heligt vatten för att sätta djävlar på flykt och hindra dem från att komma tillbaka igen. De flyr också från korset, men återvänder; så heligt vatten måste ha stor dygd. För min egen del, närhelst jag tar de känner min själ en speciell och mest anmärkningsvärd tröst. Det är faktiskt ganska vanligt för mig att uppleva en uppfriskelse som jag omöjligt kan beskriva, som liknar en inre glädje som tröstar hela min själ. Detta är inte inbillning, eller något som bara har hänt mig en gång: det har hänt om och om igen och jag har observerat det som mest uppmärksamt. Det är, låt oss säga, som om någon mycket varm och törstig skulle dricka ur en kanna kallt vatten: han skulle känna sig uppfriskningen i hela hans kropp. Jag reflekterar ofta över den stora betydelsen av allt som förordnas av kyrkan och det gör mig mycket glad att finna att kyrkans ord är så kraftfulla att de ger vattnet sin kraft och gör det så väldigt annorlunda från vatten som inte har blivit välsignat."[75]

Som St. Teresa nämner är välsignelsen i heligt vatten ganska kraftfull. I den romerska ritualen exorceras först vattnet, sedan blandas en mycket liten mängd välsignat salt i, och sedan välsignas det. Exorcismen inkluderar en bön om att vattnet ska "bemyndigas att driva bort all makt hos fienden, faktiskt, att utrota och förvisa fienden själv, tillsammans med hans fallna änglar." Den fortsätter och ber Gud att vattnet ska

---

[74] *Life of Teresa,* 175
[75] *Life of Teresa,* 173

142

> "tjäna till att driva ut demoner och fördriva sjukdomar. Må allt som detta vatten stänker i de troendes hem och församlingar befrias från allt som är orent och sårande; låt ingen andedräkt av smitta sväva där, ingen fläck av korruption, låt alla lister från den lurande fienden bli till intet."

Den sista delen av välsignelsen inkluderar bönen till Vår Herre att:

> "Låt din nåds ljus lysa över det och helga det med din barmhärtighets dagg, så att varhelst det stänks och ditt heliga namn åkallas, varje angrepp av den orena anden kan förbryllas och all fruktan för ormens gift kastas ut."

Med kunskap om den välsignelse som det heliga vattnet bär med sig, skulle det vara tillrådligt att katoliker har en flaska heligt vatten i varje rum i sitt hus. Detta skulle inte bara göra det lätt att hitta det heliga vattnet om det skulle uppstå någon form av störning i hemmet, utan det skulle också uppmuntra en hängivenhet till detta sakramentala och en ökning av ödmjukhetens dygd, eftersom vi ständigt inser vårt beroende av Guds välsignelse och skydd.

Välsignade Ljus

Välsignade ljus, även kallade votivljus, är ljus som har välsignats i den traditionella formen som inkluderar en exorcismbön. Dessa ljus driver, när de brinner, demoner ur luften och ut ur huset där ljuset bor. Välsignade ljus fungerar på samma sätt som välsignade rökelser, vars rök också driver ut demoner ur luften och boningsplatsen. Fr. Ripperger rekommenderar att varje ljus i ditt hus välsignas.[76] Den romerska ritualens välsignelse på ljus inkluderar följande framställning:

> "Låt välsignelsen som de får av det heliga korsets tecken vara så verksam att, varhelst de är upplysta

---

[76] Ripperger #4

> eller placerade, mörkrets furstar kan darra bort från alla dessa platser och fly i fruktan, tillsammans med alla sina legioner, och aldrig mer våga störa eller förolämpa dem som tjänar dig."

Demoner tillåts ockupera alla aspekter av den naturliga världen: luften, vattnet, områden under jorden, boningsplatser, atmosfären, etc. Fr. Ripperger delade en berättelse som visar hur demoner också kan ockupera luften i atmosfären och kan väcka våldsamma stormar. I Tulsa, Oklahoma, en sommar, varnades området för att ta skydd när två tornados landade i närheten. Istället beslutade fader att be en exorcism mot stormar och stormar. Han kollade sedan nyheterna och hörde, som han beskrev det, "nyhetsuppläsarna förbryllade över det faktum att tornadon precis försvann från luften."[77] Fr. Ripperger tillade att han har hört talas om att detta har hänt många präster.

En prästvän till mig berättade för mig en berättelse om en orkans väg, som plötsligt förändrades efter att han bad liknande böner. Inspirerad av vad jag personligen har lärt mig när jag studerade Fr. Rippergers läror, och när jag talade med prästvänner som var väl insatta i andlig krigföring, använde jag den bindande bönen[78] mot ett par våldsamma och tornado-benägna stormar som dök upp i mitt område för flera somrar sedan. Varje gång, medan jag såg stormen närma sig på radarn på min dator, skildes den starka raden av stormar plötsligt och gick runt vår lilla stad. Medan vi, varje gång, förutspåddes att utstå mycket hårda vindar, fällda träd, små hagel och möjliga tromber och strömavbrott, reducerades det till ett lätt regn och en liten bris. Det verkar som om detta skydd över vår egendom har bestått genom denna bindande bön, i kombination med begravningen av Sankt Peter Veronas välsignade palmer,[79] eftersom detta skydd har påverkat all våldsam åskväderaktivitet sedan dess.

---

[77] Ripperger #7

[78] Indirekt bindande bön: "Jesus, jag ber Dig att binda…"

[79] Traditionellt välsignas dessa på hans festdag med intentionen att ge skydd mot naturkatastrofer, särskilt vädret, och diaboliska angrepp på hem.

Heliga Bilder och Ikoner

Bilder på Vår Herre, Jungru Maria och helgonen förmedlar kraftfullt verkligheten hos den person eller person som betecknas. Som sådan säger fr. Ripperger att heliga bilder i hemmet retar demonerna.[80] Han rekommenderar att vi har dem i våra hem och bär dem på vår person, så mycket vi kan. Fr. Amorth rekommenderar också att du håller heliga bilder och statyer på din person och i ditt hem, som en påminnelse om att be dem om deras förbön och skydd och att imitera deras helighet.[81] Helige Louis de Montfort rekommenderar att du bär statyer i processioner, eller att du bär en liten staty av Vår Fru, som "ett effektivt skydd mot den onde."[82]

När det gäller statyer så rekommenderas dessa på samma sätt som alla heliga bilder. Vid diskussionen om statyer är det lämpligt att utfärda den varning, som fr. Ripperger gör också i sina föredrag[83] om det populära men vidskepliga bruket att begrava statyn av Sankt Josef för att sälja ett hus. Tvärtemot människors goda vilja är denna sed vidskeplig. Detta är tydligt när man undersöker en form av denna praxis, som innebär att använda statyn på sätt som inte är lämpliga för dess syfte och som är rituella. Detta inkluderar att begrava statyn upp och ner, nära "Till salu"-skylten, vänd mot vägen, och använda böner som talar om för St. Josef att han inte kommer att befrias från marken förrän huset säljs. Istället bör vi placera statyn på en framträdande plats i hemmet och be till honom om hans förbön.

Ett utmärkt sätt att använda heliga bilder är att ha Jesu heliga hjärta och Marias obefläckade hjärta på tronen i ditt hem och att helga din familj till Jesus och Maria. Den romerska ritualen innehåller en rit för att besätta tronen och en välsignelse från Jesu heliga hjärta. Under tronbesättningen, bland många andra framställningar, ber prästen att Vår Herre "låt inga onda andar närma sig denna plats utan driv dem långt bort. Låt dina fridens änglar ta över och lägga ner alla onda stridigheter." Även om tronbesättningen i sig inte har ett avlat kopplad till sig, så har

---

80 Ripperger #4
81 Amorth, 90
82 *True Devotion*, 117
83 Ripperger #4

Konsekrationen till Vår Herre det, enligt den nuvarande avlatsmanualen.

Reliker är också användbara och bör placeras i hela huset. Eftersom det är en katolsk sed att ägna särskild uppmärksamhet åt helgon på deras högtidsdagar, rekommenderas det också att vörda, på rätt festdag, reliken från alla helgon som du kan ha i ditt hem. Reliker i allmänhet bör ges regelbunden och vederbörlig uppmärksamhet. Förutom att få specialhjälp av det helgonet är reliker mycket kraftfulla mot djävulsk aktivitet, som man kan se vid exorcism. De är också, som kan ses i tjänsten för "Kyrkans skatter", mycket kraftfulla instrument genom vilka Vår Herre väljer att skänka helande och andra underbara välsignelser.[84]

Helig Olja

Helig olja är också en kraftfullt sakramental med en traditionell välsignelse som inkluderar en exorcism. Denna exorserade oljan är inte oljan som används för sakramenten utan är en separat sakramental godkänd av kyrkan. Denna olja är extra virgin olivolja och kan användas i mat och av föräldrar för att välsigna sina barn.

Den romerska ritualen innehåller både en exorcism och en välsignelse över oljan. I exorcismen står det,

> "Låt motståndarens makt, djävulens legioner och alla Satans attacker och intriger skingras och drivas bort från denna varelse, olja. Låt den ge hälsa i kropp och sinne till alla som använder den."

I välsignelsen så ber prästen att den som använder den

> "må befrias från allt lidande, all svaghet och alla lister från fienden. Låt det vara ett medel för att avvärja alla slags motgångar från människan, gjord till din avbild och återlöst genom din Sons dyrbara blod, så att han aldrig mer kan lida av den forntida ormens hugg."

---

[84] https://www.treasuresofthechurch.com/healing

Att skydda ditt andliga liv

Fr. Ripperger ger flera sätt hur denna sakramental kan användas. Den kan användas i pannan på barnet när föräldrar ger dem en välsignelse, vilket han rekommenderar att göra regelbundet. Det kan också användas i mat, på liknande sätt som välsignat salt, efter att maten är tillagad, till exempel på sallader. Det skulle vara ett helgerån att hälla ut det och det bör torkas upp efter användning. Den kan placeras på vad som helst som påverkas av det demoniska. Familjens fader bör göra korstecknet med oljan, tyst, på alla ingångar till huset.[85] Detta liknar, fastän det skiljer sig från, vad Fr. Thomas nämner görs i en exorcism. Exorcisten förseglar kyrkans alla dörrar med krisma så att demonen inte kan lämna när den är utdriven från personen.

The Angelic Warfare Confraternity

Detta är ett gammalt brödraskap, officiellt grundat 1727 av påven Benedikt XII. Det började inofficiellt efter St Thomas Aquinos död, efter vilken det hämtar sin inspiration. Det är ett brödraskap som ägnar sig åt att hjälpa sina medlemmar att uppnå kyskhet i enlighet med deras tillstånd i livet. Många helgon har varit medlemmar i detta brödraskap, inklusive St. Aloysius Gonzaga och Bl. Pier Giorgio Frassati.

I St. Thomas Aquinos liv blev hans tidiga hängivenhet till sin religiösa kallelse och till renhet och kyskhet mycket prövad eller, kanske mer passande att säga, överfallen av hans familj som motsatte sig hans beslut. I sitt sista desperata försök att avråda honom från sin kallelse till det religiösa livet, fängslade de honom och skickade in en prostituerad i hans rum för att förföra honom. Genast tog han ett knippe brinnande kvistar från den öppna spisen och jagade ut kvinnan från sitt rum. Efter att ha stängt dörren ritade han ett kors på dörren med de pyrande kvistarna. I det ögonblicket föll han in i en syn, där två änglar visade sig för honom och band om honom med ett snöre om hans midja och på så sätt fick han den fullkomliga kyskhetens nåd.

Denna händelse var känd för människor på hans tid, och efter hans död visades bandet upp för vördnad. Människor rörde sina egna band till detta band och bar dem runt midjan, i efterliknande av St.

Thomas och sökte hans förbön. Kyrkan instiftade senare detta brödraskap och tillät också användningen av en medalj som trycktes för att hedra denna änglahändelse och nåd. The Angelic Warfare Confraternity är nu i Dominikanerorden. Alla dominikanska präster, eller en präst som har fått tillstånd från dem, kan registrera individer i brödraskapet.

Det har getts många goda frukter och speciella nåder till dem som har skrivit in sig och tagit upp denna hängivenhet. Liksom de andra sakramentala som nämnts bär välsignelsen av repet och medaljen med sig stora skydd från Vår Herre. Välsignelsen innehåller sådana formuleringar som:

> "Ge med hjälp av S:t Thomas heliga band oss som ber om Din hjälp genom hans förbön att vi framgångsrikt kan övervinna kropps och själs frestelser och komma att krönas med evig renhet och integritet bland änglakörerna."

En del av välsignelsen på bandet och medaljerna säger:

> "Så att den som vördnadsfullt har och bär dem runt sin midja (har och bär dem) kan bli ren från all orenhet i sinne och kropp."

Efter att sladd och medalj överlämnats till den enskilde säger prästen bl.a.

> "Må Herren omgjorda dig med renhetens band, och genom St. Tomas förtjänster, släcka inom dig varje ond önskan."

För dem som är intresserade av att gå med i the Angelic Warfare Confraternity, tala med din pastor om att göra det, eller kontakta dominikanerna för mer information.[86] Renhet och kyskhet är dygder som varje enskild kristen i alla livets tillstånd måste etablera för att skydda frälsningens nåd som Vår Herre har skänkt

---

[86] AngelicWarfareConfraternity.org

oss. För att köra hem denna punkt är orden från St. Alphonsus Liguori mycket användbara att reflektera över. Han säger,

> "När helst djävulen frestar oss, låt oss sätta hela vår tilltro till den gudomliga hjälpen, och låt oss rekommendera oss själva till Jesus Kristus och till den allra heligaste Maria. Vi borde göra detta särskilt så ofta som vi frestas mot kyskhet; för detta är den mest fruktansvärda av alla frestelser och är den genom vilken djävulen vinner flest segrar. Vi har inte styrkan att bevara kyskheten; denna styrka måste komma från Gud."[87]

Han lägger till,

> "Särskilt tillfället för köttets synder är som en slöja placerad framför ögonen, som hindrar själen från att se antingen dess beslut, eller ljuset som tas emot från Gud, eller evighetens sanningar: med ett ord, det gör den glömmer allt och nästan förblindar den."[88]

Bindande Böner

Som nämnts i ett tidigare avsnitt[89] har kristna auktoritet att använda vad som kallas bindande böner. Dessa får endast användas inom den auktoritetsstruktur som fastställts av Gud. Det är en självexorcism, liknande vad Vår Herre gjorde mot Petrus.[90] Den bindande bönen kan vara så enkel och direkt som den här och säga "Försvinn, Satan!" Den mer kompletta formen av denna bön är: "I Jesus namn, binder jag dig, ande av, "....." och jag kastar dig till foten av korset för att bli dömd av Vår Herre."

Fr. Ripperger ger många goda råd om användningen av bindande böner. I den bindande bönen, nämn det beteende med vilket du frestas. Det kan vara lättja, om du känner dig lat och omotiverad, eller sorg, om det är en känsla som belastar dig. Den

---

[87] *Preparation for Death*, 314
[88] *Preparation for Death*, 319
[89] Sida 99
[90] Matteusevangeliet 16:23

bindande bönen kan användas på vissa andra människor än bara dig själv. Inom ett äktenskap finns en auktoritetsstruktur och även ett utbyte av kroppsliga rättigheter med partnern. Om en av makarna är i nöd kan den andra be bindande böner mot det som maken kämpar med. Föräldrar kan också be dessa böner över sina barn. Till viss del kan du använda dessa direkta bindande böner över andra människor utanför din familj, men det finns en risk för vedergällning. Det är bäst att börja använda dessa böner inom din familj först och, när du är andligt stark, urskilja om och när man ska använda dem över andra.[91]

När du binder och tar bort demonen med den här bönen är det viktigt att skicka dem till korset för att bli dömda, så att de får sin dom från Gud istället för att fortsätta ströva runt på jorden.[92] Den helige Alfonsos kommenterar detta ställe och lägger till en hjälpsam betoning på demonens ondska. Han säger, "När djävulen förvisas från en själ finner han ingen vila och gör allt som står i hans makt för att återvända: han kallar till och med följeslagare till sin hjälp, och om han lyckas komma in igen, kommer själens andra fall att vara mycket mer ruinerande än den första."[93]

I slutändan är det okänt var demonen tar vägen efter befrielsen. Fr. Amorth säger att han sänder demonen, i Jesu namn, "för att återvända till det eviga helvetet eller för att gå under Jesu kors", men det är bara Vår Herre som ger det slutliga budet och destinationen.[94] Fr. Thomas har en mycket fascinerande insikt om demonernas beteende vid denna tidpunkt, och vad han gör för att säkerställa att demonen inte har en chans att ströva omkring och leta efter fler själar. Han säger,

> "Exorcismerna sker bara i kyrkan. Det heliga sakramentet exponeras på altaret tillsammans med reliker från helgonen. De förseglar varje dörr med chrism så att demonerna inte tillåts lämna. När de är befriade tilldelas de till korsets fot för att bli bundna

---

91 Ripperger #4
92 Cf. Lukasevangeliet 11:24
93 *Preparation for Death*, 313
94 Amorth, 106

där. Annars kunde de bara gå iväg och hitta någon annan att fästa sig också."[95]

Fasta

Vår Herre lär att vissa demoner inte kan drivas ut annat än genom bön och fasta.[96] Som den helige Francis de Sales säger: "Förutom den vanliga effekten av fasta när det gäller att höja sinnet, underkuva köttet, bekräfta godhet och erhålla en himmelsk belöning, det är också en stor sak att kunna behärska girigheten och att hålla den sinnliga aptiten och hela kroppen underkastad Andens lag." Han rekommenderar att vi, om vi kan fasta, gör det utöver vad kyrkan kräver. Ändå säger han att även om vi "förmår att göra lite, så står fienden ändå mer vördnadsfull för dem som han vet kan fasta."[97] Fr. Amorth tillägger att "Bortom en viss gräns kan djävulen inte motstå kraften i bön och fasta."[98]

Den helige Alphonsus varnar oss att inte överge fastan. Han säger: "Som fastan förbereder sinnet för betraktelsen av Gud och det eviga goda, så avleder omåttligheten det från heliga tankar." Han tillägger att St. John Chrysostom lärde ut att "frossaren, som ett överlastat skepp, rör sig med svårighet, och att han, i frestelsens första storm, riskerar att gå vilse."[99] En brist på nykterhet och kontroll över aptiten leder till en benägenhet att skämma bort de andra sinnena också. Detta utsätter själen för många moraliska faror, av vilka den värsta är ett angrepp på kyskheten. Köttets synder, som den helige Alfonsos säger, är så kraftfulla att de gör att själen nästan glömmer allt som har med Gud att göra och blir nästan blind.[100] Men, som de heliga upplever, frestar inte djävulen oss till lust när han motverkas av måttlighet.[101]

---

[95] Fr. Thomas #2
[96] Markusevangeliet 9:29
[97] *Devout Life,* 134
[98] Amorth, 24
[99] *True Spouse of Christ,* 140
[100] *Preparation for Death,* 319
[101] *True Spouse of Christ,* 141

Känn dig själv

Detta avsnitt kommer att täcka olika aspekter relaterade till självkännedom, och inte nödvändigtvis i introspektiv mening. Vi borde till exempel veta en hel del om vår familjehistoria och om var vi bor just nu.

Exorcister rekommenderar att du frågar efter tidigare hyresgäster eller ägare av ditt hem eller din lägenhet. Fr. Ripperger tillägger att vi borde fråga om vårt grannskap också. När allvarliga synder eller ockulta praktiker inträffar kan demoner bli inblandade. Som fader tillägger, "Demoner älskar platser, och de fäster sig vi dem som ett resultat av synd och ondska."[102] Fr. Thomas säger att han frågar folk om de tidigare ägarna av hemmet eftersom han har sett många fall där de tidigare ägarna var inblandade i satanism och det ockulta. Ofta kommer de att lämna tecken i hemmet som kommer att finnas kvar efter att de har lämnat.[103]

För att förklara denna punkt har fr. Thomas berättat en historia om en tid då Fr. Grob tillkallades för att hjälpa till med en situation i ett hyreshus. Alla blev sjuka på en viss våning och lägenhetsägarna kunde inte förstå varför, även efter att ha kallat in olika ingenjörer för att inspektera platsen. Efter att ha hittat ett pentagram ristat på väggen på ett kontor på den våningen ringde de Fr. Grob. Han exorcerade hela platsen och efter det fanns det inga fler problem.[104] Det här är exempel som förklarar varför kyrkan rekommenderar att vi, direkt efter att ha flyttat in i ett nytt hem eller en ny lägenhet, bör ha prästen över för att välsigna den. Om du blir medveten om att någon ockult eller satanisk sed har hänt i huset, ring då prästen för att göra ytterligare en exorcism.[105]

Vår familjehistoria är också viktig att känna till eftersom den kan vara en källa till diaboliska störningar. Om avlidna släktingar var i ockult eller satanism, kan demonen ha kommit in i familjen som en generationsande. Om en familjemedlem var inblandad i frimurarna, tar exorcister det på största allvar. Alla som är inblandade i frimurarna är i ett tillstånd av dödssynd och, vilket skulle vara uppenbart, är katoliker förbjudna att vara frimurare. En

---

[102] Ripperger #4
[103] Fr. Thomas #2
[104] Fr. Thomas #2
[105] Ripperger #4

lögn har spridits under de senaste decennierna om att kyrkan har ändrat denna lära: det har hon inte. Kyrkan har fördömt frimureriet så långt tillbaka som till 1700-talet och så sent som 1983[106] där hon upprepade att katoliker är förbjudna att förknippas med frimureriet.

En av de otaliga allvarliga farhågorna kommer från det faktum att, som en del av de högre nivåerna av medlemskap i frimurarna, kommer en medlem att åberopa en generationsförbannelse över sin släktlinje, från sig själv framöver. Fr. Ripperger säger, "Även om du har en familjemedlem i de låga nivåerna av frimurarna, bör du fortfarande be för att bryta frimurarnas förbannelse. Allt de behöver göra är att gå in på den lägsta nivån och familjen kan bli föremål för förbannelse."[107] Detta betyder inte att du har det, men du kommer ändå att vilja säga bönerna för att bryta frimurarnas förbannelse.[108] Fr. Thomas säger att när han får reda på att det finns frimurare i en persons familj, låter han den personen be hela bönen för att bryta frimureriets förbannelse, bara som en försiktighetsåtgärd.[109]

Vår Frus kraft

Den helige Alphonsus Liguori, en av kyrkans stora doktorer, uttrycker vältaligt den makt och auktoritet som Vår Fru besitter som ett resultat av hennes intimitet med Vår Herre, hennes Son. Hennes seger över djävulen är en källa till hopp för oss, för hon är vår Moder, till vilken Vår Herre anförtrott var och en av sina lärjungar.[110] Genom att troget omfamna henne som vår Moder kan vi sedan personligen uppleva frukterna av hennes triumf över ondskan. .

Den helige Alfonsos säger,

> "Maria var alltså denna stora och tappra kvinna, som besegrade djävulen och krossade hans huvud genom att störta hans stolthet, som det var förutsagt av Gud själv: "hon skall krossa hans huvud." Sankt Bernard

---

[106] *Declaration on Masonic Associations,* Congregation for the Doctrine of the Faith
[107] Ripperger #6
[108] visit http://www.sensustraditionis.org/Freemasonic.pdf
[109] Fr. Thomas #3
[110] Johannesevangeliet 19:27

anmärker, denna stolta ande, trots sig själv, blev nedslagen och trampad under fötterna av denna välsignade jungfru, så att han, som en slav erövrad i krig, alltid tvingas lyda denna drottnings befallningar. ner och trampad under Marias fötter uthärdar han ett eländigt slaveri."[111]

Genom sina dygder vann Maria en seger över alla onda andar. Som sådan betecknar den helige Alphonsus henne inte bara drottning av himlen utan också drottning av helvetet, en titel som också används av bland annat den helige Bernadine av Sienna.[112] Ett drottningskap genom upphöjelse, ett annat genom erövring. Den helige Alphonsus tillägger att Maria "tämjer och krossar" djävlarna och "rycker" själar ur deras grepp och presenterar dem för sin Son.[113]

En sann hängivenhet till Vår Fru kommer att säkra oss i denna andliga krigföring, för om vi älskar henne kommer demonerna att frukta oss desto mer. Alla demonerna föll i opposition till någon aspekt av planen som Gud uppenbarade för dem i det första ögonblicket av deras skapelse. Satan föll på grund av Vår Fru, av motstånd mot hennes roll i planen för mänsklighetens frälsning. Alla demoner föll i förening med Satan så, oavsett vad deras individuella synder var, hatar de henne eftersom hennes roll och helighet är roten till deras uppror. Som Fr. Thomas anmärker, detta hat mot den välsignade modern är så intensivt att hennes böner ofta är mer kraftfulla än själva exorcismens rit.[114]

St Louis de Montfort säger att demoner har tvingats, i exorcism och i motsats till deras preferenser, att erkänna att "de fruktar en av hennes vädjanden för en själ mer än alla helgons böner tillsammans, och ett av hennes hot mer än alla. deras andra plågor."[115] En bön till Vår Fru, under titeln Vår Fru av Ständig Hjälp, förmedlar kyrkans uppfattning av hopp som Vår Frus kraft förmedlar till själar. I den bönen finns orden: "Ty, om du skyddar mig, fruktar jag ingenting, inte för mina synder, eftersom du vill få dem förlåtna åt mig, inte

---

[111] *Glories of Mary*, 117
[112] Ibid. 116
[113] Ibid. 119
[114] Fr. Thomas #2
[115] *True Devotion*, 52

heller från djävlarna, eftersom du är mäktigare än hela helvetet tillsammans."[116]

Fr. Ripperger säger att Our Lady har perfekt tvångsmakt över demonerna. Som ett resultat, när hon skickas för att hjälpa till vid en exorcism, är besattheten helt enkelt över. Vissa helgon skickas av liknande skäl, för att hjälpa till med exorcism, men Vår Fru är på en nivå som inget helgon har nått eller någonsin skulle kunna pröva att nå.[117] Fr. Ripperger rekommenderar särskilt att man åberopar Vår Fru under titeln "Vår Fru av Sorgerna". Denna titel relaterar till de lidanden som den välsignade modern utstod som Frälsarens moder, särskilt med början vid presentationen av Vår Herre i templet. I det ögonblicket profeterade Simeon för henne och sade:

ja, också genom din egen själ skall det gå ett svärd — för att mångas innersta tankar skall komma i dagen.[118]

Som Fr. Ripperger säger att kyrkans fäder lär att Simeon i detta ögonblick berättade för Maria alla de lidanden som Kristus skulle utstå. Denna privilegierade intimitet förtjänade också hennes insikter hon har om Guds plan, inklusive saker som pågår i våra liv, till exempel med generationsandar. Fader jämför detta med hur vi berättar för andra, som vi litar på och älskar på ett speciellt sätt, saker som vi inte skulle berätta för någon annan. Om vi kämpar med en diaboliskt tvångssyndrom, förtryck eller generationsandar, rekommenderar han att vi ber varje dag till Our Lady of Sorrows. Det kommer inte att ta lång tid för henne att göra saken tydligare för dig.[119]

Heliga Birgitta av Sverige har överlämnat till kyrkan andakten till Vår Fru av sorger. I den gav Vår Fru många löften till de troende som mediterar över Marias sju sorger. Hon sa bland annat: "Jag kommer att ge dem så mycket de ber om, så länge det inte motsätter sig min gudomliga Sons bedårande vilja eller helgelsen av deras själar", och "Jag kommer att försvara dem i deras andliga strider mot den infernaliska fienden och jag kommer att skydda dem vid varje ögonblick av deras liv." Enligt den helige Alphonsus, ytterligare

---

[116] Raccolta
[117] Ripperger #7
[118] Luke 2:35
[119] Ripperger #9

uppenbarelser om de andliga fördelarna med denna hängivenhet gavs av Vår Herre till den heliga Elizabeth. Av de fyra huvudsakliga nåderna som Vår Herre nämnde, är här anmärkningsvärt löftet "att Han skulle överlåta sådana hängivna klienter i Marias händer, med makten att förfoga över dem på vilket sätt hon kan behaga, och att skaffa dem all den nåd hon kan önska."[120]

St Louis de Montfort säger att "Bara Maria vet hur man fyller våra sinnen med tanken på Gud."[121] St. Bernard tillägger: "När Maria stöder dig kommer du inte att misslyckas. Med henne som din beskyddare kommer du att ha inget att frukta. Med henne som din vägvisare kommer du inte att tröttna. När du vinner hennes stöd kommer du att nå himlens hamn."[122] Enligt St. Bonaventure, för dem som är hängivna henne, "förhindrar hon deras dygder från att försvinna, deras förtjänster från att gå till spillo och att deras nåder går förlorade. Hon hindrar djävlarna från att göra dem skada."[123]

Skyddshelgon

Helgonens hjälp är ett viktigt hjälpmedel på resan till frälsning. Skyddshelgon är först de som du har fått namn efter och de som du har en särskild hängivenhet för. Fr. Ripperger säger, intressant nog, att Gud ofta kommer att ge nåden till en person, som kämpar med en diabolisk tvångssyndrom eller som är besatt, att ha en hängivenhet till just det helgon som är den demons nemesis som attackerar dem. Som ett resultat är personen redan utrustad för striden.[124] Han säger att skyddshelgon även inkluderar det helgon som församlingen är uppkallad efter där man går, helgonet vars namn som tas vid konfirmationen, stiftets och landets skyddshelgon. där du bor, såväl som skyddshelgonen för dina familjemedlemmar.[125] Det är bra att ha en hängivenhet för alla dessa helgon.

---

[120] *Glories of Mary,* 417
[121] *True Devotion,* 165
[122] Ibid. 174
[123] Ibid.
[124] Ripperger #7
[125] Ripperger #4

Skyddsänglar

"Eliseus tjänare blev slagen av skräck när han såg staden omgiven av fiender, men helgonet inspirerade honom med mod och sade: 'Var inte rädd, ty det finns fler med oss än med dem.' Sedan visade han honom en armé av änglar skickade av Gud för att försvara staden."[126]

Våra skyddsänglar är tilldelade oss av Gud själv. Den helige Thomas av Aquino säger att "änglarnas förmyndarskap är en effekt av gudomlig försyn med avseende på människan."[127] Som ett resultat av detta, är att skydda oss det uppdrag de fullt ut har accepterat och utför i fullständig lydnad mot den allsmäktige Gud, besjälad med helgande nåd och de teologiska dygderna. De är mäktiga beskyddare som ser Gud ansikte mot ansikte, utrustad med intellekt som är naturligt obegripligt starkare än våra egna, som också är genomsyrade av kunskap från Gud. Och inte bara att de kan kommunicera med oss, utan de går ständigt i förbön för oss med Gud.

Den helige Tomas tillägger också att "skyddsängeln överger aldrig en människa helt, men ibland lämnar han honom i något särskilt, till exempel genom att inte hindra honom från att utsättas för något problem eller ens från att falla i synd, enligt ordern från Gudomliga domar."[128] Fr. Ripperger säger att i början fick våra skyddsänglar bara en viss auktoritet över oss. Genom att be till dem ökar vi den auktoriteten och tillåter dem att agera mer kraftfullt i våra liv.[129] I likhet med Our Lady of Sorrows känner våra skyddsänglar till den andliga strid som pågår runt omkring oss, och i synnerhet vilka demoner som attackerar oss. De kan ge väsentlig hjälp för att avvärja dessa djävulska influenser. Som Fr. Amorth säger, åkalla din skyddsängel ofta, "som skyddar oss från faror och som ger oss de rätta förslagen vid rätt tillfälle."[130]

Fr. Ripperger säger att vi, förutom vår egen skyddsängel, också bör ha en hängivenhet för våra familjemedlemmars skyddsängel, i

---

[126] *Preparation for Death*, 98. Eliseus är profeten Elisha. In-text citatet är från Andra Kungaboken 6:16.
[127] Summa 1, Q. 113, A 6
[128] Summa 1, Q. 113, A 6
[129] Ripperger #4
[130] Amorth, 19

synnerhet vår makes skyddsängel. Vi får en skyddsängel vid befruktningen[131] men, som fader säger, får vi sedan ytterligare en skyddsängel för att skydda vårt äktenskap eller prästkallelse, beroende på vilken väg vi väljer. Gud tilldelar också en skyddsängel över församlingen, staden, den lokala regionen och företag.[132]

Auxilium Christianorum

Den andliga föreningen som heter Auxilium Christianorum är utformad för att ge stöd till både präster och lekmän i arbetet med andlig befrielse. För präster ger den hjälp av de andra medlemmarna i föreningens böner så att deras prästerliga arbete med att driva ut demoniska är effektivt och de förblir skyddade. För lekmän som ansluter sig ger den hjälp av föreningens böner för att skydda dem från djävulskt inflytande.

Prästerna som startade föreningen gjorde det efter att ha blivit mycket medvetna om de svårigheter som goda människor hade med att skydda sig själva och sina familjer från ondskans inflytande, både från världen och från det demoniska riket. De insåg att både lekmän och präster som arbetar i tjänsten för exorcism och befrielse behövde extra stöd. Fr. Ripperger talar mycket om denna grupp och konstaterar att de har sett enorma fördelar för människor som går med.

Det rekommenderas att få godkännande av din pastor eller andliga vägledare innan du går med eftersom "medlemmar ofta upplever att deras andliga liv växer" efter att ha gått med. Detta är inte negativt, för, som de säger på sin hemsida, är föreningen till för att skydda medlemmarna, som "ofta upplever ett minskat demoniskt inflytande i sina egna personliga liv över tiden."[133] Det finns krav för recitation av vissa dagliga böner och ett tillskott av vissa andakter. Kraven är inte betungande, och fördelarna är till stor hjälp i denna tidsålder som vissa exorcister helt enkelt kallar "satanisk."[134]

---

[131] Helige Thomas av Aquino lärde att ett barn i moderlivet var med stor sannolikhet skyddat av mammans skyddsängel. Det debatterades under hans tid om barn fick sin skyddsängel när de föds eller döps, men nu är det vedertaget att den ges när barnets blir till.

[132] Ripperger #7

[133] Auxiliumchristianorum.org/faq/

[134] Carlin, 3

Sök helt enkelt efter *Auxilium Christianorum* online så får du veta mer information.

Denna andliga förening uppfyller, i andan om inte i praktiken, råden från Exorcismens ritual, som Fr. Amorth diskuterar det. Han uppmuntrar alla troende att hjälpa dem som har upplevt djävulskt inflytande och blivit befriade. Han lyfter också fram där ritualen säger: "Det rekommenderas att de troende, när de väl är befriade, antingen ensamma eller tillsammans med familjemedlemmar, tackar Gud för den frid de har uppnått. Må den stanna hos dem så länge de framhärdar i bönen, läs den heliga skriften, ta emot biktens sakrament och eukaristin och utöva ett kristet liv rikt på välgörenhet, goda gärningar och broderlig kärlek."[135] Det verkar alltså som om denna andliga förening är idealisk för sådana individer.

Den profetiska karaktären hos St. Louis de Montforts läror tycks också ansluta till vår tid och till denna förening. För de som inte vet är bönerna i Auxilium Christianorum intensivt marianska och andliga krigföring fokuserade. Med sin ytterligare betoning på både St. Mikael ärkeängeln och Vår Fru under titeln Jungfrun Potens (Jungfrun mäktigaste), verkar följande passage från St. Louis de Montforts skrifter så passande att införliva här. I sitt klassiska verk, True Devotion to Mary, säger han,

> "Men Marias makt över de onda andarna kommer särskilt att lysa fram i de senare tiderna, då Satan kommer att ligga och vänta på hennes häl, det vill säga för hennes ödmjuka tjänare och hennes stackars barn som hon ska väcka att kämpa mot honom. I ögonen i världen kommer de att vara små och fattiga och, som hälen, ödmjuka i allas ögon, nedtrampade och förkrossade som hälen av andra delar av kroppen. Men som kompensation för detta kommer de att bli rika på Guds nåder, som i överflöd kommer att skänkas dem av Maria. De kommer att vara stora och upphöjda inför Gud i helighet. De kommer att vara överlägsna alla varelser genom sin stora iver och så starkt kommer de att stödjas av gudomlig hjälp att i förening

---

[135] Amorth, 83

med Maria , de kommer att krossa Satans huvud med sin häl, det vill säga sin ödmjukhet, och ge Jesus Kristus seger."[136]

För att avsluta detta kapitel om att skydda ditt andliga liv, låt oss påminna om ärkeängelns St. Rafael förmaning från Tobits bok, där han beskriver det goda i att tacka Gud, att göra gott, att fasta och ge allmosor, att utföra välgörenhetsverk, belöning för bön och kroppsliga barmhärtighetsverk:

Då tog Rafael de båda männen avsides och sade till dem: »Prisa Gud och ge honom äran! Prisa hans storhet, berätta till hans ära för alla som lever om vad han har gjort med er. Det är gott att prisa Gud och lovsjunga hans namn. Förhärliga Guds gärningar, tveka inte att ge honom äran. Kungens hemligheter är det rätt att dölja, men Guds verk skall äras och uppenbaras. Så ära och förhärliga dem då; gör det som är gott, så kommer ingenting ont att drabba er. 8Det finns mer gott i bön och fasta och i den rättfärdiges välgörenhet än i den orättfärdiges rikedom. Det är bättre att ge allmosor än att samla skatter av guld, 9ty allmosor räddar från döden och renar från alla synder. Den som ger allmosor och handlar rättfärdigt får glädja sig åt ett långt liv, 10men den som lever i synd och orättfärdighet är sin egen fiende. När du och Sara bad era böner var det jag som bar fram dem till Herrens härlighet och påminde honom om er, och när du begravde de döda var det på samma sätt. Och när du utan att tveka reste dig från din måltid för att gå och ta hand om den döde, då blev jag sänd till dig för att pröva dig, men Gud sände mig också för att ge bot åt dig och åt Sara, din svärdotter.[137]

---

[136] *True Devotion*, 54
[137] Tobit 12:6-10,12-14

Kompendium Tio

+ Kristna föds för strid och, med de nåder som Vår Herre skänker oss genom sin kyrka, har vi alla de vapen vi behöver för att strida.

+ Att tillåta vår Herre att hela oss och att förbli lydig mot honom hela tiden kommer att ge oss den styrka vi behöver.

+ Ju mer fromma och heliga vi är desto mer fruktar djävulen oss och är maktlös mot oss.

+ Det främsta skyddsmedlet är att förbli i ett tillstånd av nåd med en djup tro, som närs och stöds av frekvent mottagande av eukaristin och bikt.

+ Ett dagligt andligt fokus bör innefatta en betoning på ödmjukhetens dygd och behovet av bön och meditation.

+ Katoliker bör vårda en hängiven och frekvent användning av kyrkans sakramentalier, såsom godkända medaljer, statyer, skapulärer, heligt vatten, helig olja, välsignat salt, välsignade ljus, heliga bilder och heliga reliker.

+ Fastan kommer att öka hur motbjudande vi är mot demonerna och hjälpa till att driva bort dem, med hjälp av en försiktig och frekvent användning av bindande böner.

+ Det är viktigt att känna till historien om din familj, ditt grannskap, ditt hem och områden du besöker för att säkerställa att inga djävulska dörrar har öppnats med hjälp av dessa.

+ En hängivenhet till Vår Fru är ett av de mest kraftfulla sätten att få ett överflöd av nåd från Vår Herre och skydd mot den Ondes verk.

+ Förutom Vår Fru och helgonen bör katoliker vårda en hängivenhet till och en vänskap med sina skyddsänglar, som är mycket mäktigare än de flesta människor inser.

Kapitel Elva

Att umgås med ondskan

Det finns många människor i världen idag som villigt öppnar sig för djävulen. Vissa gör det på ett hånfullt sätt och tar inte djävulen på allvar, medan andra verkligen är öppna för eller önskar att få ett svar från den djävulska sfären. De ungas nyfikenhet är ofta infunderad med ett djävulskt element. Otaliga kändisar har öppet anammat Satans och andars hjälp i deras arbete med att uppnå och säkra berömmelse. Satanistgrupper bekänner nu öppet sin tro och utför offentliga ritualistiska uppvisningar av sitt hat mot den katolska tron.

Exorcister ser en ökning av diaboliskt förtryck och besatthet relaterat till synd, häxkonst, satanism och det ockulta. Som nämnts tidigare tenderar exorcister att tro att detta också beror på en enorm ökning av användningen av pornografi och andra allvarliga saker av det slaget. Pornografibruk har, som Fr. Ripperger uttrycker det, "tagit över." Han berättar att exorcister har lärt sig att satanister har lärt pornografer att om de skulle förbanna huvudkopian av den pornografiska videon, kan den som tittar på en kopia bli föremål för samma förbannelse. Fader berättade historien om en man som hade blivit besatt genom att använda pornografi. Demonen som besatte mannen bekräftade denna detalj. [1] Mannens besittning följde en besatthet av att hitta varje film med denna specifika kvinna i.

Pornografi kan skapa ett mycket starkt diaboliskt tvångssyndrom och kan vara en inkörsport till besatthet.[2] Fr. Thomas håller med om att pornografi "kan öppna dörrar för det demoniska."[3] Frågan om pornografi och dess potentiella koppling till besatthet är en fråga av allmän kyrklig oro. Under 2018 diskuterades

---

[1] Ripperger #2
[2] Ripperger #2
[3] Catholic.com/magazine/print-edition/interview-with-an-exorcist

till exempel en årlig exorcismkurs vid det påvliga universitetet Regina Apostolorum i vilken utsträckning demoniskt inflytande finns i användningen av pornografi.[4]

Uppgång i det ockulta

Som exorcister över hela världen intygar, är nyfikenheten på och tillgripande av det ockulta kraftigt på väg uppåt. Fr. Thomas uppger att tjugofem procent av människorna i Italien 2005 var involverade i det ockulta. Han sa att samma trender förekom i USA också.[5] Denna italienska statistik förblev densamma under 2018 och upplever fortfarande en "ökning i ockult aktivitet", såsom att använda tarotkortläsare, spåkonstnärer och astrologer.[6]

Talesmannen för International Association of Exorcists, Dr.Cascioli, 2012, beskrev ökningen av diabolisk aktivitet som en "pastoral nödsituation", och tillade att "antalet störningar av extraordinär demonisk aktivitet ökar."[7] Han upprepade samma oro 2016.[8] Olika former av hedendom, häxkonst, avgudadyrkan och det ockulta är alla inkörsportsynder till alla nivåer av diaboliskt inflytande, inklusive besatthet. Fr. Fortea, som talar om de olika ingångspunkterna för demoner, säger: "Som du ser har vi många möjligheter. Det är en mycket mystisk värld. När vi exorcister intervjuas har vi ett mycket enkelt svar: undvik det ockulta, och det är sant."[9]

Enligt en religionsundersökning från 2008 och 2018[10] har antalet häxor ökat markant i USA. 1990 fanns det 8 400 Wiccans, som växte till 340 000 2008. Det är nu, 2018, mellan 1 och 1,5

---

[4]Catholicnewsagency.com/news/exorcism-course-to-study-link-between-porn-and-demonic-influence-30162

[5] Fr. Thomas #2

[6]Catholicherald.co.uk/news/2018/03/06/demonic-activity-is-on-the-rise-in-italy-says-exorcist/

[7]Catholicnewsagency.com/news/exorcisms-on-the-rise-occult-activity-sparks-pastoral-emergency-18264

[8]Telegraph.co.uk/news/2016/09/26/urgent-need-for-more-exorcists-as-increasing-number-of-people-da/

[9] NCRegister.com/daily-news/halloween-the-catholic-faith-and-the-occult

[10] Study by Quartz, collecting data from Connecticut's Trinity College and Pew Research Center, in 2018. Lifesitenews.com/news/report-witchcraft-rising-in-us-as-christianity-declines

miljoner. Detta nummer inkluderar inte alla former av häxkonst, eftersom inte alla häxor identifierar sig som wiccan, även om detta är en betydande delmängd av häxor. För att visa betydelsen av detta antal Wiccans fanns det 1,4 miljoner presbyterianer under 2017. Antalet satanister i USA är okänt, delvis på grund av den sekretess som de verkar med.

När en person först kommer till en exorcist, efter att ha fastställt att det finns en sann andlig fråga, börjar exorcisten att fråga om personens liv och leta efter möjliga dörröppningar för demoner. Många av de människor som är diaboliskt störda har öppnat sig genom det ockulta, eller genom ett samband med sataniska kulter, eller genom att pyssla med något i kategorin New Age.[11] Denna nyfikenhet är extremt farlig. Fr. Amorth säger nyfikenhet leder ungdomarna in i "ockultismens otaliga tentakler" och så småningom till exorcistens dörr.[12] När unga människor blir intresserade av Ouija-brädor eller trollformler kan de andarna faktiskt komma till dig och hänga kvar runt dig. Även om det är sällsynt att besatthet sker omedelbart, säger Fr. Fortea att personen sannolikt kommer att uppleva "en närvaro i det ögonblicket med människorna runt bordet, och ibland är den närvaron runt en person i gruppen under en vecka eller två veckor, men inget mer. Lyckligtvis, eftersom Gud skyddar, är inte så lätt att bli besatt."[13]

Den ökade uppkomsten av det ockulta rör sig också om en kulturell acceptans av häxkonst, förbannelser och det demoniska. Populära medier såsom musik, tv och literatur behandlar dessa ockulta kategorier på ett mer och mer positivt sätt. Detta händer över hela världen. Fr. Amorth varnar mot att delta i detta och uppmanar de unga på ett särskilt sätt att undvika skräckfilmer. De tenderar till att "normalisera brutala situationer, i synnerhet när en demon är närvarande" och "kan på ett dramatiskt sätt störa känsliga personer och få andra att vilja efterlikna innehållet på ett sadistiskt vis." Att se på skräckfilmer orsakar inte på ett direkt sätt andliga problem, men de kan göra det på ett indirekt sätt genom att mana den som tittar mot det ockulta.[14]

---

[11] Fr. Thomas #2
[12] Amorth, 81
[13] NCRegister.com/daily-news/halloween-the-catholic-faith-and-the-occult
[14] Amorth, 56

I sin bok, *En Exorcist Berättar Sin Historia*, säger Fr. Amorth, som kommenterar på närvaron av häxkonst, spiritism och det ockulta på TV, i musik, i böcker och i tidningar: "När jag blev inbjuden att tala på några gymnasieskolor kunde jag personligen verifiera hur stort inflytandet är av dessa Satans verktyg är på de unga. Det är otroligt hur utbredd häxkonst och spiritism är, i alla dess former, i mellan- och gymnasieskolan. Denna ondska finns överallt, även i små städer."[15]

Även om besatthet inte är vanligt i den första instansen av att syssla med det ockulta, är allvarliga diaboliska influenser vanligare när personen också lider av en känslomässig eller mental instabilitet. Exorcister nämner till exempel konsekvent att offer för övergrepp är mer mottagliga för diaboliskt inflytande om de närmar sig det ockulta. Fr. Fortea säger skarpt: "En demon åkallas aldrig förgäves." Han säger att om personen har ett öppet sår kommer demonen att haka på. Även om personen inte är särskilt sårbar för det demoniska, kommer anropandet av en demon, genom en besvärjelse eller en förbannelse, alltid att orsaka skada, både för den som utför och begär trollformeln och, bara om Gud tillåter det, för den som är målet för besvärjelsen.[16]

Satanism: bekväm i offentligheten

Världens vilja att omfamna det demoniska stöds delvis av världen av berömmelse och droger. Dessa två kraftfulla verklighetsflykter åtföljs av vittnesmål om människors relaterade engagemang i det diaboliska. Fr. John Corapi, den en gång berömda prästen som hade en fantastisk omvändelseberättelse, avslöjade många onda saker som han bevittnade under sitt tidiga liv när han jagade berömmelse och droger. Han såg häxor som förbannade transporter av droger som kom in på lastfartyg från Sydamerika och rockband som dedikerade sina album till Satan i inspelningsstudion. Bob Dylan uppgav misstänksamt i en intervju att han fortfarande uppträdde sent i livet eftersom han håller uppe sin del av avtalet som han gjorde "med överbefälhavaren ... på denna jord och i världen vi inte kan se."[17] Beyonce erkänner gärna i intervjuer att en ande

---

[15] Amorth, *Exorcist Tells*, 53–54
[16] Fortea, 111
[17] Se detta genom en enkel sökning på YouTube.

animerar henne när hon uppträder, vilket gör det möjligt för henne att göra saker som hennes naturliga personlighet inte gör det möjligt för henne att göra.[18] Detta är bara några av de många offentliga berättelserna om kändisar som villigt engagerar sig i spiritism, häxkonst, och satanism.

Satanister har också öppet inkräktat på det offentliga rummet som vi alla rör oss i, där de kräver att leda bön vid kommunfullmäktiges möten, sätta upp monument på allmän egendom och hålla vanhelgande ritualer på stadens gator. Pensacolas kommunfullmäktige tillät 2016 Sataniska templet i västra Florida att leda bönanropet i början av deras möte. Samma år, i Arizona, hade Sataniska templet i Tucson tillåtits leda åkallelsebönen vid det kommande mötet i Phoenix City Council. Kommunfullmäktige röstade då först för att stoppa bruket av öppningsbönen och ersätta den med en tyst minut, och senare röstade igen för att tillåta bönen, men denna gång endast av en kaplan från stadens polis och brandkårer.

Trots att det fortfarande är få till antalet, kandiderade Steve Hill, en erkänd ateist och satanisk tempelarrangör, för en plats i delstatssenaten i Kalifornien 2016. Han fick tolv procent av rösterna bland fyra republikanska och demokratiska kandidater i sitt distrikt.

Sataniska grupper har sökt få officiellt erkännande av sin närvaro både genom den ovan nämnda rätten att leda bön vid kommunfullmäktiges möten, och genom rätten att placera sina monument på allmän egendom vid sidan av andra religiösa monument.

Sommaren 2015 var det satanistiska templet i Oklahoma nästan framgångsrikt med att få en föreslagen Baphomet-staty tillåten att placeras utanför delstatens Capitol, bredvid monumentet med de tio budorden, som hade funnits sedan 2012. Monumentet med tio budorden förstördes, men byggdes senare upp igen. Högsta domstolen i Oklahoma beslutade då att det nya tio budordsmonumentet måste tas bort, vilket ledde till att Sataniska templet lade ner sin begäran och riktade sitt fokus till Arkansas, som hade ett liknande monument av de tio budorden vid delstatens Capitol. Sommaren 2018 avtäckte Satanic Temple en 8 fot hög

---

[18] I en BET intervju talar hon om "Sasha," en "alter ego" som gör det möjligt för henne att uppträda på ett sätt som hon inte kan göra ensam. Hon säger att den "kommer in i mig" innan föreställningar.

bronsstaty av Baphomet på baksidan av en lastbil i Arkansas Capital-byggnaden framför en jublande folkmassa. När detta skrivs har de inte tillåtits att placera denna staty på huvudstadsbyggnadens område.

Samma staty hade avtäckts privat bland satanister i ett lager i Detroit 2015. Som rapporterades av Church Militant, som filmade på plats, denna händelse åtföljdes av explicita handlingar av utsvävningar, perversion och homosexualitet. För att bespara läsaren fler bilder relaterade till denna händelse, vänligen läs artikeln och titta på videon på Church Militant för mer information, om du är intresserad.[19]

2018 fick Satanic Temple i Chicago placera ett monument, kallat "Snaketivity", i Illinois Capitol rotunda, precis bredvid en julkrubba, en julgran och en menorah. Det sataniska monumentet är en svart låda, med den sataniska logotypen, en arm som håller ett äpple som sträcker sig ovanför den och en orm som virar sig runt armen. Ett rött sken vid armens bas kastar ett ljus på figuren.

I december 2015 fick satanister ett lagligt tillstånd att hålla en satanisk vanhelgningsritual mot en staty av Vår Fru på julafton framför Saint Joseph Old Cathedral i Oklahoma City. Denna händelse föregicks av en protest mot skadestånd från trogna katoliker från området. Trots uppmaningarna att återkalla tillståndet, tilläts satanisterna att, och gjorde, genomföra den helgerånande händelsen. Dessutom har sataniska "svarta mässor" dykt upp i Kalifornien, Oklahoma och till och med på Harvard. Vissa av dessa händelser har omintetgjorts, andra har inte. En av händelserna i Oklahoma, 2014, involverade först en stämningsansökan från ärkestiftet i Oklahoma City i syfte att säkra återlämnandet av en stulen vigd hostia, som satanisterna hade avsett att vanhelga under ceremonin. Rättegången lyckades, och hostian återlämnades, men den "svarta mässan" ägde fortfarande rum.

En sista anmärkning till detta avsnitt är uppkomsten av fritidsprogram som uppmuntrar satanism. Gruppen vid namn "After School Satan" har lyckats etablera sig på grundskolor med början 2016. Gruppen säger sig ha etablerat sina fritidsklubbar på grundskolor i Atlanta, Los Angeles, Pensacola, Portland, Salt Lake City, Seattle , Springfield, Tucson och Washington, D.C. De hävdar

---

[19] Churchmilitant.com/news/article/exclusive-reportthe-devil-in-detroit

att de är hängivna åt vetenskaplig rationalism och ser bara Satan som en metafor för den evige rebellen. De begår avsiktligt hädelse som, så säger de, ett sätt att uttrycka sin vägran att anpassa sig till traditionella beteendenormer.

Det kan vara lätt för vissa att förbise denna användning av hädelse som helt enkelt en form av chock avsedd att få uppmärksamhet. Men som den helige Alfonsos säger till oss, binder hädelse oss direkt till demonernas verk. Hans ord är viktiga att begrunda. Den helige Alphonsus säger att "hädelse utgår från en dålig vilja och från ett visst hat som skapats mot Gud. Därför gör hädaren sig själv som den fördömda."[20] På så sätt kan vi förstå varför satanister begår hädelser, dem vill upphöja Satan som en förebild att följa. När kristna reflekterar över det faktum att kristna får, i den traditionella dopriten, välsignat salt på sin tunga, säger den helige Alphonsus, först och citerar en författare, "de kristnas tungor [görs alltså] så att säga heliga, och kan vara van vid att välsigna Gud.' Och hädaren gör sedan denna tunga, som den helige Bernadine säger, till ett svärd för att genomborra Guds hjärta. Därför tillägger den helige att ingen synd innehåller så mycket ondska som hädelsens synd." Hädelse är så eländigt att den helige Alfonsos kallar det "helvetets språk". "Så kan vi säga," fortsätter han, "till varje hädare: Du är från helvetet; du är en sann lärjunge till Lucifer, ty du talar de fördömdas språk."[21]

Syndig nyfikenhet

Nu när New Age-utövandet ökar, ökar också en önskan om andlig autonomi, så att säga, vilket får människor att tro att deras egna idéer och intressen om den andliga sfären är giltiga och välgörande. Detta kan leda till en naiv och farlig nyfikenhet på saker och ting, vilket öppnar människor för ett vagt andligt rike, utanför kyrkans skydd.

En populär praktik har varit att försöka skaffa sig en "spirit guide." Dessa andliga guider definieras inte som att de har några specifika egenskaper och kan ibland presentera sig själva som människor som en gång levde på jorden men nu är döda. Idén är

---

20 *Sermons,* 404
21 *Sermons,* 403

tilltalande för människor och många söker dem. Detta är ofta knutet till att vända sig till medier och spådamer, som själva ofta förlitar sig på någon form av andeguide.

Som Fr. Ripperger beskriver, när människor öppnar sig för en andeguide, kommer bara demoner att svara, inte änglar eller helgon eller själarna hos de trogna som gått bort. När detta börjar kommer allt att verka bra till en början, tills personen har fått nog av samtalet och säger "nej" till demonen. Vid den tidpunkten förändras andens attityd totalt.[22] Demonen hade fått tillåtelse att vara där efter att personen släppt in dem och de vill stanna.

Syndig nyfikenhet sträcker sig till att besöka hemsökta hus och titta på program och filmer om det paranormala. Människor vill se spökena som rapporteras bo på platser, men detta är en stor dörröppnare för det diaboliska. Det är en nyfikenhet inte bara att se dessa saker utan att också vilja veta om saker som vi inte behöver veta. Detta är en farlig nyfikenhet.

Populära metoder som "Charlie, Charlie"-spelet måste helt undvikas och föräldrar måste lära sina barn att inte delta i sådana "spel". Detta, precis som Ouija-brädan, är en form av diabolisk kanalisering och människor blir besatta av dessa metoder. Vi måste också hålla oss borta från människor och platser där dessa saker inträffar. Demoner är inte smittsamma, men om vi går in på en plats där de har fått rätten att bo, kan de börja intressera sig för oss. "Men", som fr. Ripperger säger, "om du är i ett tillstånd av dödssynd eller har ett andligt liv som inte är i sin ordning, och du går in i ett angripet hus, kan du bli besatt."[23]

Att söka extraordinära andliga gåvor

Liknande syndig nyfikenhet är önskan att få extraordinära andliga gåvor, såsom förmågan att läka, tala i tungor och ha visioner. De extraordinära gåvor som Gud ger är gratis och kan inte förtjänas; de är rena gåvor. Det är viktigt att vi ödmjukt accepterar de gåvor som Gud ger oss samtidigt som vi inte söker dem på ett stolt sätt. Fr. Ripperger säger att det värsta fallet av besatthet han någonsin har hanterat handlade om en kvinna som bad om tungomålsgåvan

---

[22] Ripperger #1
[23] Ripperger #7

och, med ett oväntat resultat, fick det: besatthet. Den här kvinnan blev besatt eftersom hon närmade sig tungomålsgåvan från ett vidskepligt tänkesätt och hennes 'bön' var faktiskt en form av 'kanalisering'. Det är här du "öppnar upp" och "låter andarna tala genom dig." Det är en farlig och stolt form av att önska andlig kraft.[24]

Fr. Ripperger varnar också för vissa metoder i den karismatiska förnyelserörelsen. Medan vissa människor i denna rörelse är mycket seriösa, är vissa metoder mycket problematiska. Konceptet att bli 'dräpt i anden,'[25] säger han, är inte en autentisk karismatisk gåva. Bruket att låta lekmän lägga händerna på en person, på samma sätt som en präst, är en vidskeplig praxis och kan leda till diabolisk besatthet och förtryck. Fr. Ripperger tillägger, "lekmän som ber med dig om befrielse är okej, så länge de inte gör saker som är endast lämpliga för en präst."[26]

Hedendom av östligt inflytande

Bland de många moderna formerna av spiritualism finns de som har sitt ursprung i öst. Bland dessa är de två mest mer populära metoderna Reiki och Yoga, som båda får ett brett fördömande från exorcister.

Reiki är en populär ockult praxis som går tillbaka till en buddhistisk teknik för att kanalisera bra energi. Trots den "goda delen" noterar fr. Ripperger att Reiki är knutet till en kult av Osiris, en brutal demon och en av de grymmaste. Hans synd kom från vägran att acceptera den barmhärtighet som Kristus ville ge människorna. Att utöva Reiki kan leda till besatthet, tillägger han.[27] År 2018 varnade biskop Alphonsus Cullinan från stiften Waterford och Lismore, Irland, för farorna med Reiki och meddelade samtidigt att han tog nya initiativ angående befrielsetjänst i hans stift. I rapporten säger han att en Reikimästares bror berättade för honom om ett tillfälle där Reikimästaren, som arbetade med en person, hade

---

[24] Ripperger #6
[25] När en person, efter att ha fått en prästs välsignelse eller upplevt någon annan andlig händelse, faller till marken såsom omedveten, och detta påstås vara på grund av en nåde-gåva.
[26] Ripperger #6, #3
[27] Ripperger #2

en vision av Satan. Reikimästaren var "rädd från vettet, tappade Reiki och gick tillbaka till kyrkan."[28] USCCB har utfärdat ett fördömande av Reiki och sagt att de som utövar det "verkar i vidskepelsens rike."[29] Som en allvarlig synd mot det första budet, det är en dörröppning för de diaboliska.

Yoga, trots sin intensiva popularitet över hela världen, kommer också från det ockulta.[30] Experter inom yogaområdet, både inom och utanför hinduismen, såväl som hinduiska utövare, säger att yogans fysiska rörelser är åkallanden av och tillbedjan av österländska gudar, som solguden. Vidare säger dessa experter att yogans fysiska dimension inte kan skiljas från den andliga dimensionen. Vissa yogaövningar, såsom "solhälsningarna", är tydligt religiösa i sin sekvens, rytm och avsikt. Som ett resultat skulle det objektivt sett vara en synd att göra det eftersom det är stötande för Gud.

Fr. Amorth insisterade också på yogans ondska. Många exorcister uttrycker en bristande förståelse för hur yoga verkligen fungerar men säger att de ser många människor komma till dem med andliga problem som ett resultat av det. Centralt för Yoga är en falsk form av meditation, en kanalisering av energier och en öppning av själen till en tvetydig andlig värld. Oberoende forskning om yoga kommer att visa hur även "kristnade" former av yoga ofta fortfarande navigerar inom eller bredvid en hinduisk religiös arena, vilket riskerar att ge en viss andlig förvirring i kristnas sinnen. Eftersom yoga är så varierande i sitt djup av religiös tillhörighet, är vissa former mer av en öppen dörr än andra. Risken är dock förlusten av helgande nåd och eventuella djävulska influenser, vilket händer, så den försiktiga kursen att välja är att helt undvika det.

Frågan om Harry Potter

Böckerna och filmerna i den populära Harry Potter-serien är kända för nästan alla på grund av historiens anmärkningsvärda framgång. Exorcister har tenderat att dra mycket hårda slutsatser

---

[28] Irishtimes.com/news/social-affairs/religion-and-beliefs/the-exorcists-bishop-setting-up-team-to-combat-evil-forces-1.3657796

[29] Usccb.org/_cs_upload/8092_1.pdf

[30] Trots att hinduismen är en etablerad religion så är den en falsk religion som leder en till vidskepelse och vanor som utsätte en för det diaboliska och är därför också betecknad som ockult.

om berättelsens godhet och sundheten i att låta unga människor läsa den, och tenderar att se den som en öppning till nyfikenhet om det ockulta, om inte värre.

I sina föreläsningar har Fr. Ripperger gett många viktiga detaljer om skapandet och spridningen av de ockultiska skönlitterära böckerna under titeln Harry Potter. Enligt Fr. Ripperger, gick J.K. Rowling, författaren till denna serie, i en häxskola innan hon skrev Harry Potter. Hon skrev hela serien genom autowrite, eller "automatisk skrivning", som är en teknik som involverar demonisk hjälp. Besvärjelserna som används i berättelserna är verkliga, som avslöjas för präster av häxorna själva. Exorcister har berättat för honom att sextio procent av namnen som används i böckerna är de faktiska namnen på demoner som exorcister har kastat ut ur människor.[31]

En exorcist som Fr. Ripperger känner var tvungen att exorciera tre barn som bara hade läst böckerna. Fader nämnde också ett fall av besatthet som gällde fem demoner som hävdade att J.K. Rowling blev inspirerad av dem att skriva dessa böcker. Fr. Ripperger, och nästan alla exorcister, säger åt folk att undvika dessa böcker. Varje gång dessa böcker läses, som hänvisar till namnen på demoner och därför hyllar dem, ger det ära åt dessa demoner. Dessa böcker förhärligar ofta synd och laster, som att ljuga och söka förvärva gott genom att använda det onda.[32]

I en artikel om Fr. Amorths kommentarer om Harry Potter, citeras han säga, "Du börjar med Harry Potter, som framstår som en sympatisk trollkarl, men du slutar med Djävulen. Det råder ingen tvekan om att Mörkrets furstes signatur är tydligt inom dessa böcker."[33] Medan Fr. Amorth citeras ofta som att det är "inte helt illa" om barnen går och ser filmerna med sina föräldrar, det som inte påpekas är att det beror på att filmerna presenterar en mycket mer "nedtonad" version av det magiska. Harry Potters värld. Naturligtvis skulle detta skapa en illusion av att böckerna är lika säkra som filmerna, och föräldrarna kan vara benägna att tillåta barnet att läsa böckerna utan föräldrarnas tillsyn. Som Fr. Amorth säger dock, särskilt efter att en "mjuk nyfikenhet" väckts av att se filmerna,

---

[31] Ripperger #1
[32] Ripperger #1
[33] Lifesitenews.com/news/vaticans-chief-exorcist-repeats-condemnation-of-harry-potter-novels

"Genom att läsa Harry Potter kommer ett litet barn att dras in i magi och därifrån är det ett enkelt steg till satanism och djävulen." Fr. Amorths ganska raka uttalande är detta: "Bakom Harry Potter döljer sig signaturen av mörkrets kung, djävulen."[34]

Det är också känt att påven Benedictus, innan han valdes till påvedömet, uttryckte sin samtycke till att Harry Potter-böckerna var farliga för barnens tro, vilket framgår av ett brev till den tyska författaren av en bok som är mycket kritisk mot serien. Dåvarande kardinal Ratzinger citerar för att ha skrivit om "de subtila förförelser som knappt är märkbara och just på grund av det som djupt påverkar (barn) och korrumperar den kristna tron i själar redan innan den (tron) kunde växa ordentligt."[35]

Ovan nämndes det ofta upprepade uttalandet av Fr. Amorth att Harry Potter-filmerna var acceptabla, vilket inte gör rättvisa åt hans kritik. På samma sätt skulle man kunna se på kommentarerna från Fr. Fortea och kanske komma därifrån med en känsla av att han godkänner boken, ur ett visst perspektiv. I en intervju säger han att han inte är för att förbjuda böckerna, eftersom de bara är en fantasyhistoria och "icke stötande". Men i samma intervju, och noterar att barn tenderar att imitera vad de ser och läser, tillägger han att det är "oroande att läsning av dessa böcker kan få [barn] att försöka utöva magi eller att tro att magi inte är lika farligt. som deras instinkter kan berätta för dem."[36] Som exorcist vet han vilken potentiell fara som varje nyfikenhet på magi kan skapa.

Att utsättas för en lockande presentation av magi är farligt inte bara för barn i denna moderna tid. I en artikel om farorna med Harry Potter-serien inkorporerar författaren Michael O'Brien ett uttalande av Fr. Amorth om den moderna människans mottaglighet för onda förslag. Han säger fr. Amorth "varnar för att moderna människor håller på att förlora sin känsla för verkligheten av övernaturlig ondska. Som ett resultat, säger han, har många gjort sig mer sårbara för påverkan av onda andar som försöker korrumpera och förstöra själar."[37]

---

[34]Lifesitenews.com/news/vaticans-chief-exorcist-repeats-condemnation-of-harry-potter-novels

[35] Lifesitenews.com/news/pope-benedict-opposes-harry-potter-novels

[36]Crossroadsinitiative.com/media/articles/interview-with-an-exorcist-fr-jose-antonio-fortea/

[37] Lifesitenews.com/ldn/features/harrypotter/obrienpotter.html

Kompendium Elva

+ Antalet dörröppningar till ondskan har ökat avsevärt i modern tid, och inkluderar ondska, som pornografi, som har blivit ganska utbredda.
+ Statistiken angående ökningen i samråd med det ockulta över hela världen är uppseendeväckande.
+ Populärkulturen och samhället har blivit mycket öppna och nyfikna på mystiska, ockulta och djävulska saker, vilket utgör en allvarlig fara, särskilt för ungdomar.
+ Satanismen är nu i en position där den känner sig välkomnad och berättigad till sin del av det offentliga rummet och det offentliga forumet.
+ Antalet och variationen av New Age-metoder ökar också och utgör ett allvarligt hot mot dem i andligt utsatta situationer.
+ Populära metoder, som yoga, och populärlitteratur, som Harry Potter, är tydliga exempel på hur förankrat det ockulta har blivit i det moderna samhället.

Slutsats

Det finns många frågor som vi alla bör överväga när vi fortsätter denna pilgrimsfärd till evigheten. Utövade någon magi i huset jag nu bor i? Bor det en häxa i mitt kvarter? Är jag i ett tillstånd av dödssynd? Fick jag några djupa sår på min själ under de år jag levde i synd? Är mitt hus välsignat? Vem ägde min bil före mig och hände något ont i den? Har jag fått min bil välsignad? Gör jag regelbundet något som utsätter mig för djävulsk aktivitet eller influenser? Håller jag mig helt till kyrkans läror eller har jag modifierat dessa läror för att passa mina egna önskemål? Lever min familj i enlighet med den auktoritetsstruktur som Gud har velat för den? Välsignar jag mina barn regelbundet? Använder jag sakramentalierna, som heligt vatten, välsignat salt och välsignad olja, för att förnya kyrkans välsignelse över mitt hus? Bär jag ett skapular och följer de löften jag gav i dess avseende? Bedriver jag mental bön regelbundet? Ber jag dagligen, som rättvisa kräver att jag gör? Tillåter jag mig någonsin att förbli i ett tillstånd av dödssynd utan att söka bikt så snart som möjligt? Har jag sysslat med det ockulta tidigare och inte tagit upp det i bikten?

Dessa frågor är avgörande för att säkerställa att du inte är under något bedrägeri av den onde, och för att skydda ditt andliga liv, så att det kan växa och blomstra. När vi behandlar Gud som en lätt fråga och en liten fråga hindrar vi honom från att ge oss sina välsignelser. När vi vägrar att släppa in honom helt och hållet i våra liv, eller stöta bort honom genom våra handlingar, hindrar vi honom från att skydda oss från den här världens ondska. Kyrkan har erbjudit, genom Guds inspiration och enligt hans vilja, oräkneliga och idag ett otaligt antal välsignelser och sakramentalier som de troende ivrigt bör söka efter. Dessa välsignelser glöms bort av de flesta katoliker och predikas sällan av de flesta präster, även de som verkar vara mycket traditionella. Oavsett orsaken bakom denna allvarliga förbiseende finns dessa välsignelser i kyrkans liv, och de troende får verkliga positiva fördelar av att de används.

Läran från erfarna präster och exorcister kastar ett enormt ljus över våra andliga strider, och deras insikter är avgörande för att förstå en aspekt av våra liv som är osynlig och listigt dold. Må vår Herre upplysa våra intellekt och öppna våra viljor för att anpassa oss mer perfekt till vad han lär och skänker oss genom vår heliga moder, kyrkan. Må vår resa genom den här boken göra oss övertygade om det arbete som ligger framför oss, och de andliga vapen som är tillgängliga för oss, när vi kämpar mot de osynliga krafter som arbetar för vår fördömelse.

Jag avslutar här med Heliga Paulus ord:

> "Hämta nu styrka hos Herren, av hans oerhörda kraft. Ta på er Guds rustning, så att ni kan hålla stånd mot djävulens lömska angrepp. Ty det är inte mot varelser av kött och blod vi har att kämpa utan mot härskarna, mot makterna, mot herrarna över denna mörkrets värld, mot ondskans andekrafter i himlarymderna. Ta därför på er Guds rustning, så att ni kan göra motstånd på den onda dagen och stå upprätt efter att ha fullgjort allt. Stå alltså fasta, spänn på er sanningen som bälte och klä er i rättfärdighetens pansar och sätt som skor på era fötter villigheten att gå ut med budskapet om fred. Håll ständigt trons sköld framför er, med den skall ni få den Ondes alla brinnande pilar att slockna, och grip frälsningens hjälm och Andens svärd, som är Guds ord. Gör det under åkallan och bön, och be i er ande varje stund. Därför skall ni hålla er vakna och aldrig tröttna i er bön för alla de heliga."[1]

---

[1] Efesierbrevet 6:10-18

Referenser

Bönen i bilagan används med tillstånd och kommer från en boken publicerad av fader Ripperger som heter <u>Deliverance Prayers: For Use by the Laity</u>. Den finns på Amazon som paperback och på Kindle. Den innehåller många böner som berör de troendes andliga liv, såsom det vi har pratat om i denna bok. Den är en ovärderlig resurs och bör skaffas av alla seriösa katoliker idag.

Det som följer är de andliga föredrag, artiklar och böker som användes som resurser för denna bok.

<u>Föredrag av Fr. Chad Ripperger</u>

1. "Conference on Exorcism – Fr. Ripperger"
   https://www.youtube.com/watch?v=Ffe_p6kKXqw
   Nov 19, 2013
2. "Fr. Chad Ripperger – Spiritual Warfare Conference – Demons and Possession"
   https://www.youtube.com/watch?v=WiLDxPf0vBg
   Nov 5, 2015
3. "Spiritual Theology Series: Demons (Part 1) ~ Fr. Ripperger"
   https://www.youtube.com/watch?v=v33wu9lPOlE
   July 14, 2018
4. "Spiritual Theology Series: Demons (Part 2) ~ Fr. Ripperger"
   https://www.youtube.com/watch?v=wGi9ZQ21sTQ
   July 14, 2018
5. "Spiritual Warfare Conference 1: Angels & Demons ~ Fr. Ripperger"
   https://www.youtube.com/watch?v=nt_eTbkrR-g
   March 9, 2018
6. "Spiritual Warfare Pt. 1 - Exorcist Fr. Chad Ripperger"
   https://www.youtube.com/watch?v=AiYh96TrITE
   June 6, 2015
7. "Spiritual Warfare Pt. TWO - Exorcist Fr. Chad Ripperger"
   https://www.youtube.com/watch?v=uJc6WGOwtsQ&t=3s
   June 7, 2015
8. "Generational Spirits Conference: Part 1 Introduction ~ Fr. Chad Ripperger"

https://www.youtube.com/watch?v=-OVhMBuhFo8
Mar 12, 2017

9. "Generational Spirits Conference: Part 2 Discernment - Fr. Chad Ripperger"
https://www.youtube.com/watch?v=m1NZovyfad0
Mar 12, 2017

10. "Generational Spirits 3/3~ Fr. Ripperger"
https://www.youtube.com/watch?v=ZDpMfT5Way8
Mar 10, 2017

11. "Levels of Spiritual Warfare ~ Fr. Ripperger"
https://www.youtube.com/watch?v=TMcvZaiBwe4
Nov 12, 2018

Föredrag av Fr. Gary Thomas

1. Fr. Gary Thomas – Interview
https://www.youtube.com/watch?v=I_wbro4KGZQ
July 17, 2015

2. Fr. Gary Thomas – Presentation: Exorcist Tells His Story
https://www.youtube.com/watch?v=PV4FpKX5HNU
March 18, 2013

3. Fr. Gary Thomas – On the Freemasons
https://www.youtube.com/watch?v=V5X3fXIGVX8
January 16, 2018

Föredrag av Fr. Jeffrey Grob

1. Fr. Jeffrey Grob – Talk About Exorcism at UIC
https://www.youtube.com/watch?v=lPs8ExKc8fs
St. John Paul II Newman Center
Published on Nov 28, 2016

Video med Fr. Cesar Truqui

1. Inside Story: The Ministry of an Exorcist – EWTN Vaticano Special
https://www.youtube.com/watch?v=pHDjVPKi0QU
April 6, 2018

<u>**Intervju with Fr. Randall Weber**</u>

1. The Catholic Rite of Exorcism, the Diocesan Exorcist Speaks
    https://www.youtube.com/watch?v=Bv_0gRjUuFo
    Joan Jerkovich Show. March 10, 2012

<u>**Föredrag av Fr. Carlos Martins**</u>

1. Exorcism Discussion with Fr. Carlos Martins
    https://www.youtube.com/watch?v=18pg4ugjMoE
    March 14, 2011

<u>**Artiklar:**</u>
1. Fr. Piero Catalano
    a. Fr. Piero Catalano article by Gelsomino Del Guercio,
        for Aleteia.org, from an interview originally published
        by the *Corriere Della Sera*, Dec. 2017, by Antonio
        Crispino.
        https://aleteia.org/2018/02/14/padre-pio-is-often-
        with-me-during-exorcisms-and-the-devil-fears-him/
2. Fr. Gary Thomas
    a. https://www.catholic.com/magazine/print-
        edition/interview-with-an-exorcist (acc. 7/26/2019)
3. Fr. Jose Fortea
    a. http://www.ncregister.com/daily-news/halloween-
        the-catholic-faith-and-the-occult (acc. 7/26/2019)
4. Fr. Jeffrey Grob
    a. https://adoremus.org/2018/01/14/understanding-
        exorcism-interview-father-jeffrey-grob-specialist-rite-
        exorcism/
5. Msgr. Esseff
    a. http://www.ncregister.com/blog/armstrong/exorcis
        t-says-this-problem-is-far-worse-than-satan
        (6/15/2019)
6. Fr. Cesar Truqui
    a. https://cruxnow.com/global-
        church/2017/10/28/exorcist-says-theres-demon-
        targets-family/
7. Fr. Carlos Martins

a. http://www.courageouspriest.com/warning-attempt-exorcism-home (accessed 7/23/2019)
b. https://www.catholicsun.org/2019/02/10/theres-plenty-in-a-name-especially-the-one-that-is-above-every-name/

Böker

Amorth, Fr. Gabriele. *An Exorcist Explains the Demonic.* Sophia Institute Press, Manchester, 2016. (footnoted as "Amorth")

Amorth, Fr. Gabriele. *An Exorcist Tells His Story.* Ignatius Press, San Francisco, 1999. (footnoted as "Amorth, *Exorcist Tells*")

Amorth, Fr. Gabriele. *An Exorcist: More Stories.* Ignatius Press, San Francisco, 2002. (footnoted as "Amorth, *More Stories*")

Blai, Adam. *Hauntings, Possessions, and Exorcisms.* Emmaus Road Publishing, Steubenville, 2017.

Carlin, Fr. Paolo. *An Exorcist Explains How to Heal the Possessed.* Sophia Institute Press, Manchester, 2017.

Fortea, Fr. Jose Antonio. *Interview with an Exorcist.* Ascension Press, West Chester, 2006.

Glenn, Msgr. Paul J. *A Tour of the Summa.* TAN Books, Rockford, 1978.
The Roman Ritual. SanctaMissa.org and EWTN.com
(accessed August 1, 2019)

The Raccolta. http://www.liturgialatina.org/raccolta and
https://archive.org/details/theraccoltaorcol00unknuoft/page/n6
(accessed August 1, 2019)

St. Alphonsus Liguori, and Rev. Robert A. Coffin. *The Glories of Mary.* Ascetical Works, Vol. VII. Charlotte: Tan Books, 2012.

St. Alphonsus Liguori. *Preparation for Death*. Ascetical Works, Vol. I, Grimm Ed., 1926.

St. Alphonsus Liguori. *The True Spouse of Christ*. Ascetical Works, Vol. X, Grimm Ed., 1888. Accessed via https://archive.org.

St. Francis de Sales. *Introduction to the Devout Life*. CCEL
https://www.ccel.org/ccel/desales/devout_life.pdf
(accessed August 1, 2019)

St. John of the Cross. *Dark Night of the Soul*. CCEL
https://www.ccel.org/ccel/john_cross/dark_night.pdf
(accessed August 1, 2019)

St. Louis de Montfort. *True Devotion to the Blessed Virgin Mary*.
Montfort Publications, New York, 1996.

St. Louis de Montfort, *Hymns*.
http://www.montfort.org/content/uploads/pdf/PDF_EN_85_1.pdf
(accessed August 1, 2019)

St. Teresa of Avila. *The Life of Teresa of Jesus*.
http://www.carmelitemonks.org/Vocation/teresa_life.pdf
(accessed August 1, 2019)

Sermons of St. Alphonsus Liguori, 4th Edition, Tan Books, Rockford, 1982.

Ytterliggare Resurser

Summa Theologiae of St. Thomas
http://www.newadvent.org/summa/index.html
(accessed August 1, 2019)

Catena Aurea and Gospel Commentaries of St. Thomas
https://dhspriory.org/thomas/
(accessed August 1, 2019)

Appendix

Konsekration av ens yttre ägodelar till Jungfru Maria

Jag, (Namn), en trolös syndare, förnyar och bekräftar idag i dina händer mina doplöften; jag tar avstånd för alltid från Satan, hans prakt och verk; och jag ger mig själv helt och hållet till Jesus Kristus, den Inkarnerade Visdomen, för att bära mitt kors efter honom alla mina dagar, och att vara mer trogen honom än jag någonsin varit. I den himmelska härskarans närvaro väljer jag dig, O Maria, denna dag som min moder och härskarinna. Med förståelsen att jag har fått rättigheter över alla mina yttre ägodelar genom tillkännagivandet av den naturliga lagen av den Gudomliga Skaparen, anförtror och konsekrerar jag till dig, som din slav, alla mina yttre ägodelar, förgångna, närvarande och framtida; jag lämnar ifrån mig i dina händer, min Himmelska Moder, alla rättigheter över mina yttre ägodelar, inklusive min hälsa, finans, relationer, ägodelar, egendom, jobb och jordiska framgång och jag håller inte kvar för mig själv någon som helst rätt att göra som jag vill med de ägodelar som kommer till mig utan ger till dig den fullständiga och hela rättigheten att råda över allt som tillhör mig, utan undantag, i enlighet mid din goda vilja, för Guds ära i tid och evighet. Då jag nu invändigt lämnar ifrån mig i dina händer det som tillhör mig utvändigt, anförtror jag beskyddet av dessa yttre ägodelar mot den onda, så att, med kunskapen att de nu tillhör dig, han inte kan röra de. Ta emot, O goda och fromma Jungfru, denna lilla gåva som liten är, till ära för och i förening med den underkastelse som den Eviga Visdomen nedlät sig ha för din moderskap; med vördnad för den kraft som ni båda har över denna arma syndare, och i tacksamhet för de förmåner med vilka den Heliga Treenigheten hedrat dig. Med förtröstan på Gud Faderns förseende omsorg och din moderliga omtanke, har jag fullt förtroende att du kommer ta hand om mig sett till livets nödvändigheter och kommer inte överlämna mig. Gud Fadern, stärk mitt förtroende för din sons moder; Vår Fru av fager kärlek, ge mig fullkomligt förtroende för din sons försyn. Amen.[1]

---

[1] From "Deliverance Prayers: For Use by the Laity" by Fr. Chad Ripperger, on Amazon.

Angående Författaren

Charles D. Fraune är den grundande teologiläraren på Christ the King Catholic High School i Huntersville, North Carolina och var teologilärare där i tio år. Han lämnade läroämbetet på gymnasienivån för att grunda *Slaying Dragons Apostolate* som ett resultat av reaktionen till hans bästsäljande bok om andlig krigsföring, *Slaying Dragons: What Exorcists See & What We Should Know*. Hans apostolat är dedikerad till att dela visdomen om andlig krigsföring från rådgivningen av moderna publika exorcister i kontexten av Kyrkans tvåtusen år gamla historia av auktoritär lära om ämnet.

Utöver det ovanstående har han varit lärare för nästan alla årskurser, från andra klass till vuxna, inklusive på högskole- och stiftsnivån. Han tillbringade tre terminer på seminariet med Raleigh stift på St. Charles Borromeo Seminary i Pennsylvania. Detta blev slutet på en nio år lång process av att urskilja om Gud kallade honom till prästerskapet eller ordenslivet, något han tillslut bedömde att Gud inte gjorde. Han har en Masters i teologi från Christendom College Graduate School, och även en Advanced Apostolic Catechetical Diploma. Nöjet av att skriva började för över tjugo år sedan och kulminerade i hans första bok, *Come Away By Yourselves*, en böneguide för upptagna katoliker. Han har dessutom skrivit en handbok om andlig krigsföring för ungdomar och deras föräldrar som heter *Swords and Shadows: Navigating Youth Amidst the Wiles of Satan*, och en följeslagare för *Slaying Dragons*, vilken tjänar som en arbetsbok, studiebok, och handbok för andlig krigsföring, betitlad *Slaying Dragons – Prepare for Battle: Applying the Wisdom of Exorcists to Your Spiritual Warfare*.

Du kan hitta honom på SlayingDragonsPress.com.

Slaying Dragons Press

Slaying Dragons Press, grundat 2021, är frukten av ett andligt verk som inleddes 2016 med målet att hitta nya vägar att leda människor till glädjen och skönheten av den katolska tron. Genom Guds försyn har det som började under namnet *The Retreat Box* utvecklats till *The Slaying Dragons Apostolate* och *Slaying Dragons Press.*

Detta verk är ett lekmanna apostolat som är beroende av stödet av dem som tycker om bökerna. Dem som tycker om bökerna och stödjer arbetet kan hjälpa *Slaying Dragons Press* nå allt fler människor genom att berätta om det för vänner, familj, präster, ordensfolk och biskopar.

Överväg gärna att fortsätta stödja detta arbete på det sätt som bäst passar dig. Medans *Slaying Dragons Press inte* är en non-profit, så är finansiell stöd alltid välkommet. Var god besök SlayingDragonsPress.com för att hitta sätt att stödja apostolatet. Om du inte har en kopia av de andra berömda bökerna som vi har publicerat så skaffa en idag!

*Stöd vårt arbete på **Patreon!**
~patreon.com/**theslayingdragonsapostolate**

***Prenumerera på författarens webbsida för rabatter och nyheter!**
~SlayingDragonsPress.com/pages/**Subscribe**